오픽노잼

개정판

초판　1쇄　발행　2021년　2월　1일
개정판 1쇄　인쇄　2023년　9월　15일
개정판 1쇄　발행　2023년　9월　22일

지 은 이 ｜ 오픽노잼(Sam Park)
펴 낸 이 ｜ 박경실
펴 낸 곳 ｜ **PAGODA Books**
감　　수 ｜ 황예은, 방혜지
출판등록 ｜ 2005년 5월 27일 제 300-2005-90호
주　　소 ｜ 06614 서울특별시 서초구 강남대로 419, 19층(서초동, 파고다타워)
전　　화 ｜ (02) 6940-4070
팩　　스 ｜ (02) 536-0660
홈페이지 ｜ www.pagodabook.com

저작권자 ｜ ⓒ 2021, 2023 오픽노잼(Sam Park)

ISBN 978-89-6281-903-8 (13740)

파고다북스　　　www.pagodabook.com
파고다 어학원　　www.pagoda21.com
파고다 인강　　　www.pagodastar.com
테스트 클리닉　　www.testclinic.com

▌낙장 및 파본은 구매처에서 교환해 드립니다.

먼저, 한분 한분께 진심으로 감사의 말씀을 전하고 싶습니다. 〈오픽노잼〉 초판의 성공은 정말 놀라운 여정이었으며, 이는 여러분의 변함없는 사랑과 지지 덕분에 가능했다고 생각합니다. 오픽을 쓰레기통에 버리고 싶은 여러분의 열정이 이 책을 더욱 빛나게 만들어 주었습니다. 〈오픽노잼〉과 함께 끊임없는 노력으로 목표를 이룬 여러분께 진심으로 축하의 말씀을 전합니다.

〈오픽노잼〉 초판의 제작 과정을 돌이켜보면, 정말 부족한 부분이 많았습니다. 유용한 내용들로 책을 가득 채웠지만, 그것과는 별개로 디자인 등 여러 부분에서 1인 출판사의 한계를 느꼈습니다. 이렇게 부족한 부분이 많았음에도 불구하고 많은 분이 책의 콘텐츠만을 봐주셨습니다. 저를 믿고 〈오픽노잼〉 초판을 선택해 주신 독자분들께 무한한 감사를 드립니다.

이제, 큰 기대를 안고 여러분 앞에 서 있습니다. 저는 협력과 성장이라는 새로운 장을 열었습니다. 그것은 바로 파고다와의 파트너십입니다. 파고다와 함께 협업할 수 있게 되어 매우 기쁘고, 더불어 이를 통해 더 높은 수준의 콘텐츠를 제공하겠다는 약속을 합니다. 저의 콘텐츠와 파고다의 손길이 어우러져, 제가 꿈꾸던 수준의 전문성을 담아냈다고 자부합니다. 디자인을 개선한 것은 물론, 초판에서 드러나 있는 아마추어적인 실수를 보완하였으며, 수많은 연구와 고민 끝에 기존의 전략을 수정하기도 하고 새로운 전략도 추가하였습니다. 또한, 책에 나오는 학생 답변과 외국인 답변은 그 자리에서 바로 한 번에 답변했기 때문에 문법적인 오류가 있을 수 있으니 절대로 스크립트처럼 외우지 않길 바랍니다!

〈오픽노잼〉 초판에 대한 여러분의 건설적인 피드백들은 이번 개정판 작업을 하는 모든 과정에 피와 살이 되었습니다. 진심 너무 감사하소!

여러분에게 단호하게 말할 수 있습니다. 이번 〈오픽노잼〉 개정판에서는 오픽 시험에 대해 이해도를 높이는 것뿐만 아니라, 여러분의 시간과 노력을 존중할 수 있도록 구성했습니다. 또한, 오래된 전략은 업데이트하였고, 관련도가 떨어지는 내용은 삭제하였으며, 글을 보완할 수 있는 새로운 영상 자료까지 추가하였습니다.

〈오픽노잼〉 개정판을 통해 여러분에게 새로운 학습과 성장의 기회를 제공하고자 합니다. 체계적인 학습 커리큘럼을 통해 복잡하고 방대한 오픽 전략들을 공부할 수 있도록 하였습니다. 저의 유튜브 채널 '오픽노잼'의 방대한 영상 강의를 학습하는데 이 책을 나침반 삼아 좀 더 쉽게 오픽 전략을 이해하고 적용하는 것이 저의 목표입니다.

마지막으로, 다시 한번 감사의 마음을 전합니다. 〈오픽노잼〉 개정판을 통해 최단 시간 내에 목표 점수를 얻고, 이 책을 라면 받침으로 사용하시길 바랍니다. 그게 저의 감동이소.

영어의 영도 모르면 일로와~!

오픽노잼

오픽노잼 채널, 1000% 씹고 뜯고 맛보고 즐길 수 있는 방법

오픽을 준비할 때 큰 도움이 되는 '오픽노잼'의 유튜브 채널을 어떻게 더 효과적으로 활용할 수 있는지 그 방법을 알려주겠다. 〈오픽노잼〉 개정판에서는 오픽에서 사용할 수 있는 전략과 꿀팁, 꿀표현 등을 제공하고 있지만, 글만으로는 그 내용을 쉽게 전달하는 게 쉽지 않다. 그래서 나의 추천은 이 책과 함께 '오픽노잼' 유튜브 영상을 함께 보는 것이다. 책에서 다루지 못한 내용이 영상에는 있을 수도 있고, 책으로는 이해되지 않던 내용이 영상을 보고 나서는 이해될 수도 있기 때문이다. 그리고 영상에 달린 댓글 중에서도 실제 시험 후기, 공부 방법 등 도움이 될 수 있는 팁이 많다. 그러니 오픽노잼을 100% 아니, 1000% 활용하고 싶다면 책과 영상을 함께 학습하는 것을 추천한다.

오픽노잼 채널에 있는 수많은 영상을 어떤 순서로 봐야 할까?

현재 오픽노잼 채널에는 여러 재생 목록이 있다. IM 시리즈, AL 시리즈, 외국인 편 시리즈 등등이다. 이는 책에서 정리한 목차와는 다른 구성이다. 책에서는 오픽에서 중요한 것들과 4가지 카테고리를 기준으로 학습 순서를 정했지만, 유튜브 채널에서는 오픽 등급과 콘텐츠를 중심으로 재생 목록을 정했기 때문이다. 그렇다면 둘 중 어떤 순서를 따라야 할까? 유튜브 재생 목록을 바탕으로 정한 순서보다는 책에 있는 목차대로 공부하는 게 더 좋다. 지금 알려줄 유튜브 재생 목록을 보는 순서는 이 책을 접하지 않았거나, 책이 아닌 영상을 먼저 보고 싶은 분들에게 추천하는 순서이다.

❶ IM 시리즈
❷ 오픽 1:1 가이드
❸ AL 시리즈
❹ 외국인 편 시리즈
❺ 오픽 라이브
❻ 오픽노잼의 영어 회화

위의 순서대로, 그리고 여기 적혀 있지 않은 영상까지 씹고 뜯고 맛보고 즐긴다면 오픽노잼 채널을 1000% 활용할 수 있다. 다음은 각 시리즈에 대한 설명이다.

1. IM 시리즈

영어 실력이 부족하다고 생각하는 사람들을 위해 만든 시리즈다. 사실 한국인들은 초등학교, 중학교, 고등학교 심지어는 유치원이나 대학교에서도 영어를 배우기 때문에 영어에 많이 노출되었다. 그래서 영어를 아예 못하는 것은 아니다. 그래도 어떻게 하면 오픽을 쉽고, 간단하게 공부할 수 있을지 생각과 고민을 하면서 만든 영상이다. IM 시리즈에서는 답변할 때 지켜야 할 7가지 규칙과 많은 예문을 보여주었다. 때문에 영어 실력이 조금 부족하더라도 쉽게 잘 따라올 수 있다. 그러니 오픽 공부를 처음 시작할 때는 IM 시리즈를 보는 것을 추천한다. 영어 실력이 조금 있는 사람들이라도 오픽에 대해서는 잘 모르고 시작하기 때문에 기본을 쌓기 위해 IM 시리즈를 봐야 한다. 한마디로 IM 시리즈는 오픽의 기본기를 다질 수 있게 해주는 시리즈다. MP와 4가지 카테고리 등을 설명하면서 오픽 시험을 보는데 이런 기본도 없으면 응시료를 버리는 것이라는 느낌으로 IM 시리즈를 만들었다.

2. IH 시리즈(1:1 가이드)

IM 시리즈를 마스터했다면 다음으로는 IH 시리즈를 보자. 이 시리즈가 좋은 이유는 혼자 공부하면서도 오픽에 대한 감을 잘 잡을 수 있기 때문이다. IM 시리즈로 MP나 4가지 카테고리, 7가지 규칙, 전략 등 기본 지식을 익힌 후에도, 아직 오픽에 대한 감을 잡지 못한 사람에게 추천한다. IH 시리즈 영상은 실제 학생들의 답변에 대한 피드백을 해주며 가이드를 제공하는 영상이다. 따라서, 혼자 오픽을 공부하는 학생들이 답변을 어떻게 구성하는 것이 좋은지 파악할 수 있고 세부적인 것을 더 공부할 수 있다. IM 시리즈보다 약간 높은 수준의 영상이기 때문에 IM 시리즈에서 기본 지식을 익힌 후에 보는 것을 권장한다.

3. AL 시리즈

AL 시리즈는 IM 시리즈와 IH 시리즈를 통해 기본 지식을 익히고, 오픽에 대한 감을 잡은 후에 AL 등급을 받고 싶은 학생들이 보면 좋다. 실제 오픽을 준비하는 여러 학생들이 질문에 답변하면 그 대답을 한 문장씩 보면서 피드백을 해주는 방식이다. 물론 시리즈 이름처럼 AL을 받을 수 있는 꿀팁과 꿀표현, 스킬도 많이 배울 수 있다. AL 등급을 받고 싶은 학생들뿐만 아니라 계속해서 IH만 받는 학생들이 봐도 좋은 시리즈다.

4. 외국인 편 시리즈

오픽 질문을 들은 외국인들은 어떻게 답변하는지 보고 싶어서 제작하게 된 영상이다. 그리고 그 답변을 바탕으로 외국인들이 어떻게 의사소통하는지 보여주고, 전략들을 엄선해서 이해하기 쉽게 강의로 만들어서 공유하고 싶었다. 외국인 편 영상을 만들면서 외국인들이 필러를 굉장히 많이 쓴다는 것을 알게 되었다. 필러는 이 책의 첫 번째 챕터에 나오는 것으로 정말 중요하다. 언어의 일부분이기 때문에, 우리는 영어로 말할 때 필러를 꼭 사용해야 한다. 일상에서 영어로 말할 때뿐만 아니라 오픽 시험을 볼 때 역시 사용해야 하는 것이다. 오픽은 문법 시험도 아니고, 완벽하게 말할 수 있는지를 보는 시험이 아니라 의사소통 능력을 보기 위한 시험이기 때문이다. 외국인 편 시리즈는 그 순서가 네 번째인 만큼 절대 쉽지 않은 영상이다. 조금은 어려울 수 있지만 앞에서부터 차근차근 IM 시리즈, IH 시리즈(1:1 가이드), AL 시리즈를 본다면 충분히 이해할 수 있다. 오픽을 정말 끝장나게 공부하고 싶고, 오픽을 넘어서 영어 회화를 공부하고 싶은 사람이라면 외국인 편 시리즈를 보면 된다.

5. 라이브

라이브 방송을 통해 꿀팁과 전략을 수정하거나 업데이트한 것을 공유하고, 대화를 통해 라이브 시청자들에게 피드백을 주며 경험을 묻는 내용이 담겨있다.

6. 영어 회화

마지막으로 오픽노잼의 영어 회화 시리즈는 다른 방법으로 영어에 대해 알려주기 위해, 나의 일상을 공유하기 위해 만들었다. 브이로그, 몰래카메라, 코미디 영상, 문화 차이를 담은 영상 등을 통해 좀 더 재미있게 영어에 접근하고 배울 수 있는 영상이 있다.

7. 오픽노잼스쿨

사실 앞에서 오픽노잼의 영어 회화 시리즈가 마지막이라고 했지만 진짜 마지막이 따로 있다. 바로 '오픽노잼스쿨'이다. 오픽노잼스쿨에서는 영어 공부를 즐겁게 만들어 주는 오픽 공부 파트너를 매칭해주고 있다. 오픽 공부를 할 때 혼자 하는 것보다는 다른 사람들과 같이하는 게 훨씬 효과가 좋다. 영어로 대화를 할 수 있는 파트너가 있다면 스피킹 실력이 더 오르지 않을까? 오픽 공부 파트너와, 오픽노잼과 함께 영어 공부를 하면서 영어 실력을 올리고, 오픽 실력과 점수까지도 올릴 수 있다. 오픽노잼스쿨을 통해 노잼인 오픽 공부를 친구들과 같이 공부하며 오픽유잼으로 만들어 보자. 뿜!

책의 구성

○ 원하는 등급을 얻을 수 있는 4가지 유형과 전략 제공

수백만 개의 오픽 기출 문제들을 모두 공부하는 것은 불가능합니다. 〈오픽노잼〉 개정판에서는 수백만 개의 문제들을 단 4가지 유형으로 정리하였습니다. 이 4가지 유형의 답변 전략을 공부한다면, 어떤 질문을 받더라도 쉽고, 명확하게 답을 할 수 있을 것입니다.

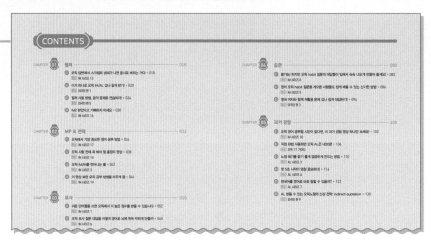

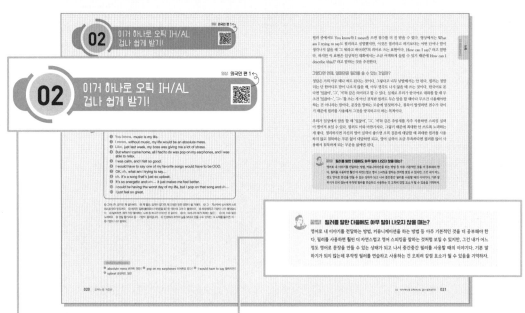

○ 영상 강의 무료 제공!

교재에 수록된 모든 내용에 대한 영상을 제공할 뿐만 아니라, 해당 영상을 바로 볼 수 있는 QR을 제공합니다.

○ 원어민이 쓰는 꿀표현과 꿀팁이 가득!

오픽은 실제로 일상에서 대화하는 것처럼 자연스럽게 말하는 것이 중요하다. 책에 수록된 실제 원어민들이 자주 쓰는 표현과 꿀팁까지 익힌다면, 더 높은 등급을 받을 수 있을 뿐만 아니라 영어 회화 실력도 향상할 수 있습니다.

외국인 답변

① You know, uh, I was sitting in a, uh, a restaurant a few days ago…
② It was like an American style restaurant like soul food.
③ And, uh, they were… they were playing some "Disturbed".
④ And actually I really like hard rock like that.
⑤ Like, um, like, uh… "Disturbed" is kind of a band that is obscure in America.
⑥ Uh, but, I'm surprised to hear it in Korea…
⑦ Being… being played when I'm in a restaurant.
⑧ Um, also "Korn"?
⑨ Uh, or, uh, "System of a down"… something like that…
⑩ Like, this is hard rock which is music I really love.
⑪ I started listening to music by listening to that kind of music.
⑫ But, um, I was just shocked to hear it in Korea…
⑬ So, um, so that's kind of the music that I… that comes to my mind when you ask that question.

① 있잖아요, 어, 제가 며칠 전에 어떤 식당에 앉아있었는데요. ② 약간 미국 스타일 식당이었어요. ③ 그리고, 어, 거기서 ─ 거기서 Disturbed의 음악을 틀고 있었어요. ④ 그리고 사실, 저는 그런 하드락 음악을 좋아해요. ⑤ 약간, 음, 뭐랄까, 어 ─ Disturbed는 밴드인데, 미국에서도 잘 안 알려져 있어요. ⑥ 어, 그런데, 한국에서 그들의 음악을 듣게 되다니 정말 놀라웠어요. ⑦ 제가 그 식당에 있을 때 그 노래가 나와서 놀랐어요. ⑧ 음, 또 Korn도 좋아해요. ⑨ 어, 아니면 System of a down 같은 거? 가수도 좋아하고요. ⑩ 약간, 저가 정말 좋아하는 하드록 음악이에요. ⑪ 저는 그런 종류의 음악을 시작으로 음악에 입문한 것 같아요. ⑫ 하지만, 음, 그 음악을 한국에서 듣고 정말 놀랐어요. ⑬ 그러니까, 아무튼, 이 질문을 듣고 머리에 떠오른 건 그런 종류의 음악이네요.

주의 필러 중에서 Um을 발음할 때 '음'이라고 발음하는 사람들이 많다. 하지만 '음'이 아닌 '엄' 혹은 '어'라고 발음하는 것이 더 자연스럽다.

외국인 답변

① You know, uh, I was sitting in a, uh, a restaurant a few days ago…
② It was like an American style restaurant like soul food.
③ And, uh, they were… they were playing some "Disturbed".
④ And actually I really like hard rock like that.
⑤ Like, um, like, uh… "Disturbed" is kind of a band that is obscure in America.
⑥ Uh, but, I'm surprised to hear it in Korea…
⑦ Being… being played when I'm in a restaurant.
⑧ Um, also "Korn"?
⑨ Uh, or, uh, "System of a down"… something like that…
⑩ Like, this is hard rock which is music I really love.
⑪ I started listening to music by listening to that kind of music.
⑫ But, um, I was just shocked to hear it in Korea…
⑬ So, um, so that's kind of the music that I… that comes to my mind when you ask that question.

주의 필러 중에서 Um을 발음할 때 '음'이라고 발음하는 사람들이 많다. 하지만 '음'이 아닌 '엄' 혹은 '어'라고 발음하는 것이 더 자연스럽다.

Useful Expressions
● obscure 잘 알려지지 않은, 무명의 ㅣ ● something like that ~인 것 같은 ㅣ ● come to my mind 머리에 떠오르다

외국인과 실제 학생의 답변에 대한 설명으로 구성!

실제 외국인과 학생들의 답변에 대한 피드백을 제공합니다. 그 과정에서 꿀표현과 꿀팁, 전략 등을 익힐 수 있습니다. 추가로, 외국인들의 답변을 통해서는 실제로 외국인들이 자주 쓰는 표현까지 익힐 수 있습니다.

학생 답변

① You know, last month, my girlfriend and I decided to go, um, new restaurant that is called "Yellow Chicken".
② You know what?
③ Before we just went there, I was a little bit nervous, actually… because, you know, she was a little bit sensitive and, you know, like, picky to choose a new restaurant.
④ You know what I mean.
⑤ But fortunately, my decision was definitely right.
⑥ You know what, the chicken that I ordered before was, you know, almost like flawless.
⑦ You know what I mean?
⑧ It was like, you know, so chewy and we could feel like, you know, aftertaste from this meat, right?
⑨ OMG!
⑩ If I may be allowed a little bit exaggerated, you know, it was like another class like, you know, Cristiano Ronaldo in the Champions League.
⑪ You know what I'm talking about, right?
⑫ So, my tongue was screaming for joy.
⑬ So, we had a really great time and then she was like, "Thank you very much!"
⑭ So, it was really enjoyable time about the restaurant, recently.

학생 답변

① You know, last month, my girlfriend and I decided to go, um, new restaurant that is called "Yellow Chicken".
② You know what?
③ Before we just went there, I was a little bit nervous, actually… because, you know, she was a little bit sensitive and, you know, like, picky to choose a new restaurant.
④ You know what I mean.
⑤ But fortunately, my decision was definitely right.
⑥ You know what, the chicken that I ordered before was, you know, almost like flawless.
⑦ You know what I mean?
⑧ It was like, you know, so chewy and we could feel like, you know, aftertaste from this meat, right?
⑨ OMG!
⑩ If I may be allowed a little bit exaggerated, you know, it was like another class like, you know, Cristiano Ronaldo in the Champions League.
⑪ You know what I'm talking about, right?
⑫ So, my tongue was screaming for joy.
⑬ So, we had a really great time and then she was like, "Thank you very much!"
⑭ So, it was really enjoyable time about the restaurant, recently.

① 지난달에 여자 친구와 "옐로우 치킨"이라는 새로 생긴 식당에 갔어요. ② 있잖아요. ③ 사실 그곳에 가기 전에 살짝 긴장했어요. 왜냐하면 여자 친구가 좀 예민해서 새로운 식당 고르는 데 좀 까다로워요. ④ 무슨 말인지 알죠? ⑤ 하지만, 다행스럽게도 제 선택은 옳았어요. ⑥ 제가 주문한 치킨은 정말 맛있었어요. ⑦ 무슨 말인지 알죠? ⑧ 쫄깃했고, 여운이 남을 정도였어요. ⑨ 오 마이 갓! ⑩ 약간 과장을 한다면, 챔피언스 리그의 크리스티아누 호날두처럼 완전 다른 세계였어요. ⑪ 무슨 말인지 알죠? ⑫ 정말 맛있었어요. ⑬ 우린 즐거운 시간을 보냈고, 여자 친구는 "정말 고마워"라고 했어요. ⑭ 그래서 이게 최근 새로운 식당에서 있었던 즐거운 시간이었어요.

CONTENTS

CHAPTER

01

필러

 **01** 오픽 답변에서 스크립트 냄새가 나면 응시료 버리는 거다

 ## 스크립트, 과연 독일까 득일까?

오픽 시험을 준비하기 위해 학원에 가서 수업을 듣는다면 대부분 스크립트를 받을 것이다. 스크립트를 다 외워서 오픽 시험을 보면 과연 점수를 잘 받을 수 있을까? 원하는 대로 단기간에 높은 성적을 받을 수 있을까? 사실 예전엔 가능했다. 하지만 지금은 오픽 시험을 보는 응시자가 예전보다 더 많아졌고, 그만큼 높은 성적을 받는 사람도 많아졌다. 따라서 오픽도 예전보다 점점 어려워지고 까다로워졌다. 그래서 예전과는 다르게 요즘은 스크립트를 외워서 시험을 봐도 높은 점수를 받는 게 어려워지고 있다.

그냥 하는 말로 들릴 수도 있지만, 오픽 시험 규정에서도 답변을 외워서 준비하지 말라고 명시되어 있다. 나의 실력을 평가하는 채점자는 미리 준비된, 암기된 자료를 인지하도록 훈련을 받은 사람이다. 그리고 학원에서 받은 스크립트를 외워서 답변한다면 사람들 사이에서 겹치는 답변들이 많이 나올 것이고, 당연히 채점자가 눈치를 챌 수밖에 없다.

질문을 듣고 한국어로도 말을 잘 못 하겠는데 영어로 어떻게 답변을 하지?

이런 사람들은 영어로 말하는 연습을 하기 전에 먼저 한국어로 생각을 정리해서 말하는 연습을 해야 한다. 이 문제는 영어를 못해서 생기는 문제가 아닌 머릿속으로 생각을 정리하고 말하는 게 잘되지 않아서 생기는 문제이기 때문이다. 그래서 이런 경우에는 무작정 영어로 답변하는 연습을 하기보다 한국어로 생각을 먼저 정리하고 답변하는 연습을 해야 한다.

이렇게 연습을 한 뒤에도 '아직도 나는 영어로 내 생각을 말할 수 있는 실력이 되지 않는 것 같은데 어떻게 해야 할까?'라는 생각이 들 수 있다. 그럴 때는 나의 이야기를 담은 나만의 스크립트를 미리 써서 준비해도 괜찮다. 다만 하나부터 열까지 스크립트를 만드는 게 아니라 내가 연습할 수 있는 몇 가지 아이디어와 스토리, 그리고 특정한 표현들만 만들어야 한다. 아무리 나의 이야기를 바탕으로 쓴 스크립트라 할지라도 전체를 다 써서 외우면 시험을 볼 때 외운 티가 날 수밖에 없다. 이 때문에 말하고 싶은 내용, 단어, 표현 정도만 미리 준비하는 게 좋다.

그리고 한 가지 더 집중해서 준비하면 좋은 것은 바로 '답변 시작을 어떻게 할지 연습하기'이다. 아무리 자연스럽게 답변한다고 해도 첫 5초는 정말 스크립트처럼 들리기 때문에 채점자들은 이 첫 5초에서 느껴지는 스크립트의 기운을 바로 눈치챌 것이다. 이것을 방지하기 위해 우리는 질문에 대한 답변을 어떻게 시작할지를 먼저 연습해야 한다. 답변을 시작하는 내용이나 방식은 매번 달라야 한다. 그리고 바로 그 자리에서 생각하는 것처럼 들려야 한다. 많은 사람이 답변을 시작할 때 자주 쓰는 방식이 있다.

- **Well...**
- **Oh, you wanna know about...**
- **You know...**
- **Let me see...**

이런 표현들이 잘못됐다는 것은 아니다. 답변을 시작할 때 이런 표현을 쓰더라도 매번 다르게 써야 한다는 것이다. 예를 들어, 하나의 콤보 세트 질문에 답변할 때 첫 번째 질문에 Well...이라고 시작했다면 두 번째, 세 번째 질문에도 Well...로 시작하면 안 된다는 것이다.

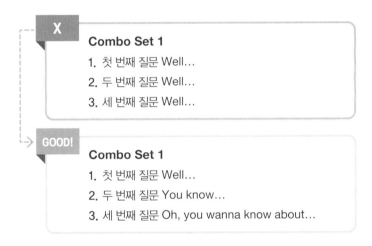

X

Combo Set 1

1. 첫 번째 질문 Well...
2. 두 번째 질문 Well...
3. 세 번째 질문 Well...

GOOD!

Combo Set 1

1. 첫 번째 질문 Well...
2. 두 번째 질문 You know...
3. 세 번째 질문 Oh, you wanna know about...

02 이거 하나로 오픽 IH/AL 겁나 쉽게 받기!

IH와 AL로 가는 지름길, 필러

오픽 시험을 준비하는 사람들이라면 대부분 IH와 AL 등급을 받길 원할 것이다. 지금부터는 IH와 AL로 갈 수 있는 아주 좋은 방법을 알려주도록 하겠다. 바로 Fillers(이하 필러)를 쓰는 것이다. 필러란 생각을 정리하는 시간을 벌거나 대화 중에 공백을 메우기 위해 사용되는 단어를 말한다. 필러를 문장 중간마다 쓰면 답변이 정말 자연스럽게 들린다. 필러를 어떻게 써야 하는지 좀 더 이해를 돕기 위해 필러를 넣어 만든 예시 답변을 보여주겠다.

예시 답변

❶ **You know,** music is my life.
❷ **I mean,** without music, my life would be an absolute mess.
❸ **Like,** just last week, my boss was giving me a lot of stress.
❹ But when I came home, all I had to do was pop on my earphones, and I was able to relax.
❺ I was calm, and I felt so good.
❻ I would have to say one of my favorite songs would have to be OOO.
❼ OK, **uh,** what am I trying to say…
❽ **uh,** it's a song that's just so upbeat.
❾ It's so energetic and **um…** it just makes me feel better.
❿ I could be having the worst day of my life, but I pop on that song and **uh…**
⓫ I just feel so great.

❶ 그러니까, 음악은 제 삶이에요. ❷ 제 말은, 음악이 없다면, 제 인생은 완전 엉망이 될 거예요. ❸ 그… 지난주에 상사에게 스트레스를 많이 받았어요. ❹ 하지만 집에 돌아와서 이어폰을 꽂기만 했는데 그게 다 풀렸어요. ❺ 차분해지고 기분이 너무 좋았습니다. ❻ 말하자면, 제가 가장 좋아하는 노래 중 하나가 OOO인 것 같아요. ❼ 어, 그러니까 제가 하려는 말은… ❽ 어, 아주 밝은 노래예요. ❾ 정말 활기차고 음… 기분이 좋아집니다. ❿ 인생에서 최악의 날을 보내고 있을 수도 있지만, 그 노래를 들으면, 어… ⓫ 기분이 너무 좋아요.

Useful Expressions

❼ absolute mess 완전히 엉망 | ❹ pop on my earphones 이어폰을 꽂다 | ❻ I would have to say 말하자면 |
❽ upbeat 긍정적인, 밝은

필러 중에서도 You know와 I mean을 쓰면 점수를 더 잘 받을 수 있다. 영상에서는 What am I trying to say도 필러라고 설명했지만, 이것은 필러라고 하기보다는 어떤 단어나 말이 생각나지 않을 때 '그 뭐라고 하더라?'의 의미로 쓰는 표현이다. 많은 학생들은 이런 상황에서 How can I say? 라고 말한다. 하지만 이 표현은 일상적인 대화에서는 조금 어색하게 들릴 수 있기 때문에 How can I describe (this)? 라고 말하는 것을 추천한다.

그렇다면 언제, 얼마만큼 필러를 쓸 수 있는 것일까?

정답은 거의 아무 때나 써도 된다는 것이다. 그렇다고 너무 남발해서는 안 된다. 필러는 정말 더는 단 한마디도 말이 나오지 않을 때, 아무 생각도 나지 않을 때 쓰는 것이다. 한국어로 본다면 '있잖아', '그', '저'와 같은 의미라고 할 수 있다. 실제로 우리가 한국어로 대화를 할 때 무조건 '있잖아~', '그~'를 쓰는 게 아닌 것처럼 필러도 무슨 말을 할 때마다 무조건 사용해야만 하는 건 아니라는 말이다. 문장을 말하는 도중에 멈칫하거나, 침묵이 발생하면 점수가 깎이기 때문에 필러를 사용해서 그것을 방지하고자 하는 목적이다.

우리가 일상에서 말을 할 때 '있잖아', '그', '저'와 같은 추임새를 자주 사용하면 스피킹 실력이 떨어져 보일 수 있다. 필러도 이와 마찬가지다. 그렇기 때문에 최대한 안 쓰도록 노력하는 게 좋다. 정리하자면 자신의 영어 실력이 좋으면 오픽 질문에 대답할 때 최대한 필러를 사용하지 않고 침묵하는 부분 없이 대답하면 되고, 영어 실력이 조금 부족하다면 필러를 많이 사용해서 침묵하게 되는 부분을 없애면 된다.

 꿀팁! 필러를 말한 다음에도 아무 말이 나오지 않을 때는?

영어로 내 이야기를 전달하는 방법, 커뮤니케이션을 하는 방법 등 아주 기본적인 것을 더 공부해야 한다. 필러를 사용하면 훨씬 더 자연스럽고 영어 스피킹을 잘하는 것처럼 보일 수 있지만, 그건 내가 어느 정도 영어로 문장을 만들 수 있는 상태가 되고 나서 중간중간 필러를 사용할 때의 이야기다. 기본 말하기가 되지 않는데 무작정 필러를 연습하고 사용하는 건 오히려 감점 요소가 될 수 있음을 기억하자.

실제 외국인은 어떻게 필러를 사용할까?

외국인은 음악 주제의 묘사 질문에 어떻게 답변하는지, 그리고 필러를 얼마나 자연스럽게 자주 사용하는지 살펴보자.

문제 듣기

QUESTION

Chap01_01Q

What type of music do you like listening to? Plus, tell me about some singers or composers you like.

당신은 어떤 종류의 음악을 듣나요? 또, 당신이 좋아하는 가수나 작곡가에 대해 말해주세요.

 외국인 답변

❶ You know, uh, I was sitting in a, uh, a restaurant a few days ago…
❷ It was like an American style restaurant like soul food.
❸ And, uh, they were… they were playing some "Disturbed".
❹ And actually I really like hard rock like that.
❺ Like, um, like, uh… "Disturbed" is kind of a band that is obscure in America.
❻ Uh, but, I'm surprised to hear it in Korea…
❼ Being… being played when I'm in a restaurant.
❽ Um, also "Korn"?
❾ Uh, or, uh, "System of a down"… something like that…
❿ Like, this is hard rock which is music I really love.
⓫ I started listening to music by listening to that kind of music.
⓬ But, um, I was just shocked to hear it in Korea…
⓭ So, um, so that's kind of the music that I… that comes to my mind when you ask that question.

❶ 있잖아요, 어, 제가 며칠 전에 어떤 식당에 앉아있었는데요. ❷ 약간 미국 스타일 식당이었어요. ❸ 그리고, 어, 거기서… 거기서 Disturbed의 음악을 틀어 놓고 있었어요. ❹ 그리고 사실, 저는 그런 하드락 음악을 좋아해요. ❺ 약간, 음, 뭐랄까, 어… Disturbed 는 밴드인데, 미국에서도 잘 안 알려져 있어요. ❻ 어, 그런데, 한국에서 그들의 음악을 듣게 되다니 정말 놀라웠어요. ❼ 제가 그 식당에 있을 때 (그 노래가 나와서 놀랐어요). ❽ 음, 또 Korn도 좋아해요. ❾ 어, 아니면 System of a down 같은 가수도 좋아하죠. ❿ 약간, 제가 정말 좋아하는 하드락 음악이에요. ⓫ 저는 그런 종류의 음악을 시작으로 음악 감상에 입문한 것 같아요. ⓬ 하지만, 음, 그 음악을 한국에서 듣고 정말 놀랐어요. ⓭ 그러니까, 아무튼, 이 질문을 듣고 머리에 떠오른 건 그런 종류의 음악이네요.

 주의! 필러 중에서 Um을 발음할 때 '음'이라고 발음하는 사람들이 많다. 하지만 '음'이 아닌 '엄' 혹은 '어'라고 발음하는 것이 더 자연스럽다.

Useful Expressions

❺ obscure 잘 알려져 있지 않은, 무명의 | ❾ something like that ~같은 것들 | ⓭ come to my mind 머리에 떠오르다

❯ 오픽에서 사용하기 좋은 필러

    like
    right
    um
    uh
    you know
    I mean

❯ Advanced 필러 ⤳ 두 가지 이상의 필러를 조합해서 쓰는 필러

    and so...
    and um...
    like, um...
    like, you know...
    you know, like...
    you know, um...

꿀팁! **AI처럼 답변하지 않고 사람처럼 답변하기**

스크립트를 외운 학생들은 미리 암기한 내용을 잊어버리기 전에 쏟아내느라 부자연스럽게 말하고 딱딱하게 답변한다.
AI와 사람의 가장 큰 차이점이 뭘까? 바로 AI는 감정이 없지만, 우리 인간은 감정이 있다는 것이다. 그러니 AI처럼 답변
하지 않고 사람처럼 답변하기 위해서는 감정이나 의견을 잘 말해야 한다.

 **03** 필러 사용 방법,
음악 문제로 연습하자!

 필러는 샷 추가다!

이번에는 실제 오픽 시험에서 필러를 더 자연스럽게 사용할 수 있도록 다른 외국인의 답변으로 필러 사용 방법과 꿀표현 등을 연습해 보겠다. 이것은 음악 주제의 비교 질문이다.

 QUESTION

🎧 문제 듣기

Chap01_02Q

How did you first get interested in music? What kind of music did you listen to when you were young? How is that music different from the music you listen to today? How has your interest in music changed over the years?

음악에 처음 관심을 갖게 된 계기는 무엇입니까? 당신은 어렸을 때 어떤 음악을 들었나요? 그 음악이 오늘날 듣는 음악과 어떻게 다른가요? 음악에 관한 관심은 세월이 흐르면서 어떻게 바뀌었습니까?

 꿀팁! 필러는 샷 추가다!

어떤 말인지 감이 오지 않는 사람들을 위해 예를 들자면, 필러는 카페에서 아메리카노를 시킬 때 아메리카노에 샷 추가를 하는 것과 같다. 이때 샷 추가만 주문하는 건 불가능한 일이다. 즉, 필러는 나의 이야기를 전달하는 메인 문장들이 있고 그것에 추가하는 것이지, 필러 자체를 메인으로 하는 것은 오히려 스크립트를 준비해서 말하는 것처럼 보일 수 있다.

 **외국인 답변**

① Interesting.

② I would have to say my biggest influence in music is probably growing up in my mother's house.

③ My mother was a... a disco girl.

④ So, she loved a lot of disco.

⑤ Um, and uh, at the time that was really popular... you know, uh, OOO.

⑥ This is mid 80's.

⑦ Um, you know, uh, OOO...

⑧ OOO...

⑨ Um, OOO...

⑩ And I... I would consider that folk music.

⑪ So, I like... I really like folk music.

⑫ And now, I think that folk music has led me into... getting into...more into Jazz... because it's very similar.

⑬ Jazz and the folk music.

⑭ And jazz led me into hip-hop.

⑮ And now, I've become a hip-hop fan.

⑯ So, I think overall, because my mom introduced me to folk music, it lead me into jazz and then finally into hip-hop... which is now, my love.

① 흥미로운 질문이네요. ② 음악에 대한 가장 큰 영향은 아마도 어머니 집에서 자란 것이라고 할 수 있겠네요. ③ 제 어머니는 디스코 소녀였어요. ④ 그러니까 어머니는 디스코를 많이 좋아했습니다. ⑤ 음. 어, 그 당시에는 정말 인기가 많았어요. 알다시피, 어, OOO. ⑥ 80년대 중반 노래예요. ⑦ 음, 알다시피, 어, OOO… ⑧ OOO… ⑨ 음, OOO… ⑩ 그리고 저는 그게 민속 음악이라고 생각했어요. ⑪ 아무튼, 저는 민속 음악을 정말 좋아합니다. ⑫ 그리고 지금은 그 민속 음악이 저를… 재즈에 더 많은 관심을 갖게 했다고 생각해요. 왜냐하면 아주 비슷하거든요. ⑬ 재즈와 민속 음악이요. ⑭ 그리고 재즈는 저를 힙합으로 이끌었어요. ⑮ 이제 저는 힙합 팬이 되었습니다. ⑯ 그래서 정리하자면, 엄마가 민속 음악을 소개해 주셨기 때문에 그게 재즈로 이어지고 마침내 현재 제가 사랑하는 힙합으로 이어졌습니다.

Useful Expressions

② influence 영향 | ② probably 아마도 | ⑤ at the time 그 당시에는 | ⑩ consider 생각하다, 고려하다 | ⑫ lead ~ into ... ~를 …로 이끌다 | ⑯ overall 전반적으로, 대체로

❶ Interesting.

답변을 이렇게 시작한 것은 아주 좋은 전략이다. 이 말을 함으로써 나는 지금 생각을 하고 있고, 바로 지금이 자리에서 답변할 것이라는 느낌을 주기 때문이다. 그런데 이렇게 그냥 interesting이라고만 하지 않고 질문에 나온 단어를 똑같이 써서 말하면 더 좋다.

Music? Hmm… interesting.
음악이요? 흠… 흥미롭네요.

이렇게 말한다면 나는 질문을 완전히 이해했고, 지금은 약간 생각을 하는 중이라는 것을 어필할 수 있다.

만약 어려운 주제의 문제가 나왔다면 이렇게 말해보자.

Music… hmm… **let me see… OK, here we go.**
음악… 흠… 어디 보자… 네, 시작해 볼게요.

이 전략은 생각을 정리해야 할 때 사용하면 좋지만, 많이 생각할 필요가 없는 질문에는 사용하지 않아도 괜찮다. 질문에 대한 답을 바로 할 수 있는지, 생각을 좀 해야 하는지 판단한 후에 이 전략을 사용하면 된다. 이 전략을 사용할 때는 이 부분에 너무 많은 시간을 할애하지 않고, 짧게 해야 한다.

② I would have to say my biggest influence in music is probably growing up in my mother's house.

I would have to say는 '말하자면'의 의미로 나의 의견이나 주장을 강조하는 표현이다. 이것은 자연스럽고 부드러운 느낌을 준다. 오픽 시험을 볼 때 최소한 한 번은 써야 하는 표현이다. 이 외에도 To be honest…, In my opinion…도 아주 좋은 표현이다.

추가로 I remember도 좋은 표현이다. 위의 표현을 대체할 수는 없지만, 비슷한 뉘앙스를 전달할 수 있다. 이런 표현을 문장의 처음에만 계속 사용하면 오픽 시험에서는 스크립트 냄새가 날 수 있기 때문에 문장 중간에 자연스럽게 넣어주는 게 좋다.

When I was a child, oh, **I remember** my friend introducing me to hip hop music.
어렸을 때, 오, 친구가 힙합을 알려줬던 게 기억나요.

한 가지 더 추천하는 표현은 When it comes to이다. '~에 관해서'라는 표현인데 이 표현 또한 너무 많이 사용하면 스크립트 느낌이 난다. 따라서 이 표현도 문장 중간에 넣는 게 더 자연스럽다. 이렇게 문장 중간에 넣으면 스크립트 없이 답변한다고 느끼게 할 수 있다.

In my elementary days, I started listening to OOO.
And **when it comes to** his songs… my favorite would have to be… 아름다운 이별.
초등학생 때, 저는 OOO의 노래를 듣기 시작했어요.
그리고 그의 노래에 관해서라면… 제가 제일 좋아하는 노래는 '아름다운 이별'입니다.

그리고 여기서 그냥 간단하게 My biggest influence in music is probably my mother. 이렇게 말해도 되지만 growing up 표현을 써서 더 정확하게 말했다. 이 표현은 어린 시절부터 성장하고 자라는 것을 의미한다. 그러니 어린 시절부터 성장 과정에 관해 구체적으로 이야기하고 싶다면 이 표현을 한번 써보는 걸 추천한다.

 꿀팁! I would have to say… 대신 쓸 수 있는 표현
- To be honest 솔직히
- In my opinion 내 의견으로는
- I believe 내 생각에는
- For me 나한테는
- Personally 개인적으로는
- If you ask me 내게 묻는다면

❸ My mother was a… a disco girl.

❹ So, she loved a lot of disco.

❺ Um, and uh, at the time that was really popular… you know, uh, OOO.

❻ This is mid 80's.

❼ Um, you know, uh, OOO…

❽ OOO…

❾ Um, OOO…

---

❸번 문장에서 a…a를 써서 잠깐 멈추고 뒤의 말을 완벽하게 하는 것은 내가 지금 생각하고 있다는 것을 보여주는 데 좋다. 하지만 과유불급이라고 My mother was a… um… disco… mmm… girl. 처럼 너무 많이 멈추면 오히려 더 좋지 않으니 주의하도록 하자.

또한 Um, and uh와 you know, uh처럼 여러 필러를 합쳐서 썼는데 나는 이것을 'advanced 필러'라고 한다. 나중에 you know, I mean, um, uh, like 같은 필러들이 익숙해지면 이렇게 'advanced 필러'를 쓰도록 하자. 'advanced 필러'를 쓰면 스크립트 없이 즉석에서 생각하고 답변을 한다는 느낌을 많이 줄 수 있으므로 높은 점수를 받는 데 많은 도움이 된다.

---

❿ And I… I would consider that folk music.

⓫ So, I like… I really like folk music.

이 부분에서도 생각하는 듯한 모습을 보여주는 전략이 사용되었다. 이 문장의 앞부분에서 My mother was a… a라고 했던 것처럼 여기서도 And I… I would, I like… I really like라고 하면서 생각하는 모습을 보여주었다. 이런 식으로 생각하는 모습을 계속 보여주면 높은 점수를 받을 수 있다.

⑫ And now, I think that folk music has led me into… getting into…more into Jazz… because it's very similar.

⑬ Jazz and the folk music.

⑭ And jazz led me into hip-hop.

여기 ⑫번 문장에서 주목하여야 하는 좋은 표현은 led me이다. 여기서는 현재 완료 시제로 has led me라고 썼지만, 원래 형태는 lead me이다. 현재 완료 시제는 과거부터 현재까지의 시간 동안 일어난 행동이나 경험에 관련된 상황을 나타낸다. lead me는 '나를 이끌다'라는 의미로 사용되며, 지금 살펴보고 있는 주제인 음악, 혹은 다른 경험에 대해 말할 때도 사용하면 좋다.

You know, at first, I didn't like beer.
But when I kept trying it over time, I started to really love it.
And then it eventually **led me** to other types of alcohol… like vodka and whiskey.

저는 처음에는 맥주를 좋아하지 않았어요. / 하지만 시간이 지나면서 계속 시도했는데, 정말 좋아지기 시작했습니다. / 그리고 결국 보드카와 위스키 같은 다른 종류의 술을 찾게 되었습니다.

이렇게 자신이 '어떤 상태였는데 이렇게 되었다'를 표현할 때 쓰면 좋다.

⑮ And now, I've become a hip-hop fan.

⑮번 문장에서 fan도 무언가를 엄청나게 좋아한다는 것을 잘 나타내는 표현이다. 여기서는 힙합을 엄청 좋아하게 됐다는 것을 표현했다. 여기에 더해서 앞에서 봤던 a disco girl을 응용해 보자면 a hip-hop fan 대신 a hip-hop guy라고 할 수도 있다.

⑯ So, I think overall, because my mom introduced me to folk music, it lead me into jazz and then finally into hip-hop… which is now, my love.

마지막 결론 부분이다. 여기서는 요약 실력이 돋보였다. 그냥 overall이라고 하지 않고 So, I think overall이라고 말하면서 자신의 의견이나 생각을 강조하여 자연스럽게 전체적인 결론을 내려 마무리했다. 굉장히 추천하는 방법이다.

그리고 마지막엔 my love라고 마무리를 했는데 굉장히 좋은 마무리였다. my love 외에도 my passion, my life, my everything이라고 할 수 있다. 이 my love도 I didn't like beer at first, but now it has become my love. 이렇게 '어떤 것을 좋아하게 되었다'라는 의미를 표현할 때 쓸 수 있다.

04 IM2 받았다고 기뻐하지 마세요

 필러를 쓴 답변과 쓰지 않은 답변의 차이

1
❶ My home isn't that "exceptional."
❷ It's just like any other home.
❸ But having said that, my kitchen is quite "extraordinary."
❹ It's gone through a lot of "renovations" and so, it's quite "out of this world."

❶ 우리 집은 그렇게 특별하지 않아요. ❷ 다른 집이랑 비슷하죠. ❸ 그렇긴 하지만, 우리 집 부엌은 꽤 좋아요. ❹ 리모델링을 많이 해서 아주 훌륭하거든요.

2
❶ My home... OK... alright... uh...
❷ Well, honestly, you know...
❸ It's not, um, all that "exceptional"... like...
❹ It's just like any other home, um...
❺ Alright, but, OK... but having said that...
❻ My... my kitchen is definitely "extraordinary."
❼ Now that I think about it... um, it's gone through a lot of "renovations," and um, I mean because of that, it's quite "out of this world".

❶ 우리 집이요... 알겠어요... 좋아요... ❷ 음 글쎄요... 솔직히, 있잖아요... ❸ 음, 그렇게 특별하지는 않아요. ❹ 그냥 다른 집이랑 비슷해요, 음... ❺ 뭐... 그렇지만, 그렇긴 해도, ❻ 우리... 집 부엌은 정말 좋아요. ❼ 이제 생각해 보니... 음, 엄청 많이 리모델링했네요. 그리고 음, 리모델링 때문에 아주 훌륭해요.

대부분의 사람은 첫 번째 예시가 더 대답을 잘했다고 생각할 것이다. 실수하지도 않았고, 멈추지도 않은, 자연스러운 완벽한 답변처럼 보이기 때문이다. 하지만 첫 번째 답변은 필러를 쓰지 않아서 오히려 로봇같이 딱딱하고, 스크립트를 준비해서 완벽하게 외운 것 같이 느껴지기 때문에 자연스러운 답변을 원하는 오픽 시험에서는 좋은 평가를 받을 수 없다.

반면에 두 번째 답변은 말을 하다 중간에 멈추기도 하고, 생각하는 모습을 보이며, 필러도 넣어서 훨씬 인간적인 모습을 보이는 답변이다. 오픽 시험에서는 완벽하게 준비된 답변을 로봇처럼 쏟아내는 것보다는 즉석에서 생각난 답변을 말하는 것에 더 높은 점수를 준다. 이 점을 잘 기억해서 답변을 준비하는 연습을 하도록 하자.

You know

You know 필러는 문장 어디에 넣어도 좋은 필러이다.

> Whenever I recycle, I always make sure to tie my bag.
> 재활용을 할 때마다. 재활용 봉투를 꼭 묶는다.

이 문장을 예로 들어서,

> Whenever I recycle, you know, I always make sure to, you know, tie my bag.

이런 식으로 you know를 한 문장에 두 번 넣어도 좋다. 여기서 알아야 할 점은 you know 필러를 쓸 때는 you know를 빠르게 말해야 한다는 것이다. You know를 느리게 말하면 오히려 어색하게 들릴 수 있으므로 빠른 속도로 발음해야 한다.

Right

Right는 대화를 더 부드럽게 만들면서 '나는 지금 Ava와 대화를 하고 있다'는 것을 어필하는 데 굉장히 좋은 필러이다. You know와 마찬가지로 아무 때나 넣어도 된다. 좀 더 이해를 돕기 위해 위에서 사용된 예문을 다시 예로 들어보자면,

> Whenever I recycle, right, I always make sure to, you know, tie my bag.

이런 식으로 문장 중간에 넣어서 말할 수 있다. You know와 Right 외에 다른 필러도 많지만, You know와 Right는 부담 없이 쉽게 쓸 수 있는 필러이기 때문에 꼭 알아 두고 사용하자.

그럼 추가로 몇 가지 예를 더 살펴보겠다.

> Every time I go to the bank, I check to see if there's an empty seat in the waiting area.
> 은행에 갈 때마다. 대기하는 곳에 빈자리가 있는지 확인한다.
> → Every time I, you know, go to the bank, right, I check to see, you know, if there's an empty seat in the waiting area.

> My friends and I always talk about what the actors were wearing whenever we watch a movie together.
> 나와 친구는 우리가 함께 영화를 볼 때마다 항상 배우들이 무엇을 입었는지 이야기한다.
> → You know, my friends and I always talk about, um, you know, what the actors were wearing, right, whenever we watch a movie together.

CHAPTER

02

MP & 전략

01 오픽에서 가장 중요한 영어 공부 방법

MP(메인 포인트)가 대체 뭐길래?

한국어나 영어로 말을 할 때, 가장 중요한 것은 바로 '요점'이다. 다시 말해, 말하고자 하는 것이 무엇이냐는 것이다. 대화할 때, 내가 말하고자 하는 것을 상대방이 이해하지 못하면 아무리 길게, 열정적으로 말해도 소용이 없다. 오픽 시험도 결국은 내가 Ava와 대화를 하는 것이기 때문에 '요점'을 잘 전달하는 게 중요하다. 이 요점을 바로 'MP, 메인 포인트'라고 한다.

오픽 답변을 할 때 MP가 왜 중요할까?

MP는 내가 말하고자 하는 내용을 명확하게 전달해 주고, 나의 답변을 체계적이고 짧고 간결하게 해주기 때문에 중요하다. 답변을 시작할 때 MP를 던져줌으로써 채점자에게 내가 앞으로 어떤 이야기를 할 것인지 정확히 인지시켜 주고, 나도 앞으로 내가 무슨 이야기를 할지 정리할 수 있다.

그런데 여기서 의문이 들 수 있다. 오픽 시험에서는 길게 대답하는 게 좋지 않나? 주어진 40분을 채울수록 점수가 더 올라가지 않나? 채점자의 입장에서 생각해보자. '총답변 시간이 20분인 짧지만 깔끔하고 명확한 답변'과 '총답변 시간이 40분인 길고 말하고자 하는 내용도 명확히 전달하지 못한 답변' 중 과연 어떤 것에 더 높은 점수를 줄까? 답은 모두 알고 있을 것이다. 길이가 짧더라도 깔끔하고 명확한 답변에 더 높은 점수를 주리라는 것을 말이다. 오픽은 무작정 길게만 대답하는 것보다 오히려 짧고 명확하게 대답하는 게 훨씬 더 좋다. 어떤 주제와 질문에도 영어로 길게 말할 수 있는 것은 물론 좋은 일이다. 하지만 내가 말하고자 하는 것도 명확히 전달하지 못하는 상황에서 답변만 길게 하는 것은 오히려 마이너스가 될 수 있다.

오픽 시험에 나오는 15개의 질문 모두 질문당 2분 이상 답변하면 90%의 확률로 낮은 점수를 받을 수 있다. MP는 이런 경우를 방지할 수 있다. 내가 답변하는 데 필요한 적절한 시간을 알려주고, 어떤 질문이든 답변 시간이 절대 2분을 넘지 않게 해줄 것이다. 그렇기 때문에 우리는 오픽 공부를 할 때 MP를 우선으로 공부해야 한다. MP를 마스터하지 않고 다른 것들을 공부하는 것은 시간 낭비다.

MP는 어떻게 공부해야 할까?

QUESTION

문제 듣기

Chap02_01Q

Talk about one of the rising industries or companies in your country. Why is that industry or company famous, and what is special about it?

당신의 나라에서 떠오르는 산업이나 회사 중 하나에 대해 이야기해 주세요. 왜 그 산업이나 회사가 유명하고 무엇이 특별한가요?

위의 질문으로 MP를 연습하는 방법을 알아보자. MP를 연습하는 게 어색하고 어렵다면 먼저, 간단하게 짧은 한 문장으로 대답하는 연습을 하면 좋다. ⋯ [What]

Step 1 Hmm… the food industry…
흠… 식품 산업…
↳ what

'What-내가 어떤 이야기를 할 것인지' 말하면 된다. 이렇게 말함으로써 '나도 이것에 대해 이야기해야지'라고 머릿속으로 생각이 정리된다. 'What-내가 말하고자 하는 것'을 말했으면 'Feeling-그것에 관해 어떻게 느끼는지 혹은 나의 의견'을 말하면 된다. ⋯ [Feeling]

Step 2 The food industry is all about **convenience**.
식품 산업은 편의성을 중요시해요.
↳ feeling

그리고 이어서 'Why-왜 그렇게 느끼는지 이유'를 설명해 주면 된다. 이렇게 3가지를 모두 말한다면 완벽한 MP라고 말할 수 있다. ⋯ [Why]

Step 3 Because there are easy-to-use kiosks everywhere to order food.
↳ why
음식을 주문하기 위해서 어디에나 쉽게 사용할 수 있는 키오스크가 있기 때문입니다.

그렇다면, MP를 어떻게 공부하는 게 효율적인 방법일까? 한 질문을 듣고 전체적인 답변을 다 하는 것이 아니라 일단 MP만 말하는 연습을 해보자.

MP 말하기 연습 방법

1. 오픽 시험에 자주 출제되는 질문 중 10개를 준비
2. 그 10개의 질문을 연속으로 MP만 답변하는 연습
   여기서 중요한 건 10개의 질문에 '연속으로 MP만 답변'하는 것이다. 만약, 10문제 중 5문제까지만 연속으로 성공하고 여섯 번째 문제에서 실수를 했다면 다시 첫 번째 문제로 돌아가 처음부터 다시 시작해야 한다.

제일 중요한 것은 선택과 집중!
한 가지 주제에 대해서만 말하기

문제 듣기

Chap02_01Q

QUESTION

Talk about one of the rising industries or companies **in your country. Why is that industry or company famous, and what is special about it?**

당신의 나라에서 떠오르는 산업이나 회사 중 하나에 대해 이야기해 주세요. 왜 그 산업이나 회사가 유명하고 무엇이 특별한가요?

방금 살펴봤던 질문을 다시 한번 보도록 하자. 이 질문은 구체적인 산업이나 회사를 언급하지 않고 일반적(general)으로 물어봤다. 이렇게 포괄적으로 물어보는 질문에 답변할 때는 여러 가지 내용에서 한 가지 내용으로 자연스럽게 컨트롤하는 전략이 필요하다. 나는 이것을 'General → Singular Control 전략'이라고 부른다. 이 전략은 질문을 듣고 자연스럽게 MP로 가는 방법이다. 이렇게 한 가지로 컨트롤하는 이유는 아까도 말했듯이 오픽 답변은 간결하고 명확한 답변이 좋기 때문이다. 여러 가지에 관해 이야기하면 채점자도 내가 무슨 말을 하고 싶은지 정확히 알 수가 없고 나도 계속 할 말이 생각나지 않을 것이다. 잊지 말자! 오픽 시험에서 가장 중요한 것은 '한 가지 주제에 대해서만 말하기'이다.

이제 예시 답변을 통해 'General → Singular Control 전략'을 어떻게 사용하면 좋을지 설명하겠다.

Wow, what a question! → 내가 지금 생각하고 있다는 모습을 보여주기
Well, I follow **a lot of industries**… but you know what?
Let's talk about the **food industry**.

와우, 정말 흥미로운 질문이네요! / 전 여러 산업을 주시하고 있어요… 그런데 있잖아요? / 식품 산업에 관해 이야기해 볼게요.

이런 식으로 생각하는 모습을 보여주면서 깔끔하게 'General → Singular Control 전략'을 사용하면 Ava와 자연스럽게 대화하는 모습을 보여줄 수 있다. 이렇게 대화하는 듯한 모습을 보여주면 답변이 어색하지 않고 훨씬 자연스러워 보인다. 예문에서 마지막에 Let's talk about the food industry. 라고 했는데, 이제 여기서부터 MP가 시작된다.

MP	• 질문을 듣고 그 자리에서 생각하고 있다는 모습 보여주기 → 간단하고 짧게
	• 'General → Singular Control 전략' → 간단하고 짧게
	• MP (What + Feeling + Why)

위의 세 가지를 모두 포함한 것을 큰 틀의 MP라고 한다. 순서는 상관없지만 여기서 주의할 점이 있다. 연습할 때는 이 세 가지를 무조건 20초 내로 말해야 한다. 이렇게 20초 안에 말하는 연습을 해도 실제 시험장에 가면 30초 정도 시간이 걸릴 것이다. 그러니 꼭 공부할 때는 20초 안으로 말하는 연습을 하길 바란다. 그리고 한 가지 또 주의할 점은 'General → Singular Control 전략'은 꼭 1~2문장으로 짧게 해야 한다는 것이다.

하지만 아무리 연습해도 위의 세 가지를 20초 내에 말하기 어렵다면, 생각하는 모습을 간단히 보여준 후 바로 MP로 넘어갈 수 있다. 이걸 20초 안으로 해야 한다. 그리고 본론에서 'General → Singular Control 전략'을 사용해도 좋다. 이는 사람마다 차이가 있으므로, 연습을 통해 자신에게 맞는 방법을 찾기를 바란다.

02 오픽 시험 전에 꼭 봐야 할 총정리 영상

 ## 모든 질문에 MP를 똑같은 방법으로 말해야 할까?

지금까지는 답변할 때, 'MP가 왜 중요하며 어떻게 공부를 해야 하는지'를 알아보았다. 그렇다면 오픽 시험에 나오는 모든 질문에 똑같은 방법을 써서 MP를 말해야 할까? 그렇지 않다. 오픽 시험 질문은 크게 4가지 유형으로 나뉜다. 카테고리별 전략을 잘 알고 활용할 수 있다면 어떤 질문이 나와도(특히, 돌발 문제) 문제없이 나만의 이야기로 답변할 수 있다.

오픽 질문 유형 4가지
1. 묘사
2. 습관
3. 과거 경험
4. 비교

지금부터는 카테고리별로 MP를 어떻게 말해야 하는지와 답변의 전략을 알아보자.

1. 묘사

> 답변 시간: 1분 정도
> 난이도: 중급
> 답변 전략

MP	• What? 내가 말하고 싶은 내용(한 가지) • Feeling? 그것에 대해 어떻게 느끼는지 혹은 의견 • Why? 왜 그렇게 느끼는지 이유를 설명 말하고자 하는 것, 어떻게 느끼는지, 그렇게 느낀 이유까지 이 3가지가 모두 포함되어야 비로소 MP가 완성된다. 애초에 묘사 카테고리 질문은 간단한 질문이기 때문에 답변의 길이 자체를 짧게 해도 괜찮다.
본론	MP에서 말했던 내용에 관해 부가적인 설명
결론	MP에서 말했던 내용을 1~2문장 정도로 간단하게 마무리

2. 습관

> 답변 시간: 1분 정도
> 난이도: 중급
> 답변 전략

General MP	• What? 내가 말하고 싶은 내용(한 가지) • Feeling? 그것에 대해 어떻게 느끼는지 혹은 의견 • Why? 왜 그렇게 느끼는지 이유를 설명 📌 습관 카테고리의 MP는 일반적인 MP(General MP)로 What, Feeling, Why 이 3가지가 모두 포함되지 않아도 된다. 가능하다면 이 3가지를 모두 말해도 되지만, 불가능하다면 한두 가지만 말해도 좋다. 단, 습관 카테고리 MP에서 제일 중요한 것은 '행동을 나타내는 단어'가 들어가야 한다는 것이다. 예문을 들어 설명해 주겠다. **질문** 당신은 은행에 갈 때 보통 무엇을 하나요? **답변** 저는 은행에 갈 때마다 모든 게 들어 있는 지갑을 꼭 가지고 가요. (MP) 여기 메인 MP에서는 내가 어떻게 생각하는지, 어떻게 느꼈는지 등 나의 감정과 이유가 들어가 있지 않다. 그렇다고 해서 습관 카테고리 MP에는 감정이 들어가면 안 된다는 것은 아니다. 감정이 들어가도 괜찮고 들어가지 않아도 무방하다. 둘 다 좋으니 본인에게 편한 것을 선택하면 된다.
본론	MP에서 말했던 내용에 관해 부가적인 설명
결론	MP에서 말했던 내용을 1~2문장 정도로 간단하게 마무리

3. 과거 경험

➤ 답변 시간: 1분 30초 정도
➤ 난이도: 고급
➤ 답변 전략

MP	이야기의 클라이맥스를 말하기 • What? 내가 말하고 싶은 내용(한 가지) • Feeling? 그것에 대해 어떻게 느끼는지 혹은 의견 • Why? 왜 그렇게 느끼는지 이유를 설명 대부분 과거 경험을 답변할 때, 시간 순서대로 말하려고 한다. 그렇게 하면 답변 시간도 길어질 뿐만 아니라 어떤 이야기를 하고 싶은지 정확하게 전달하기 힘들다. 시간 순서대로 말하는 게 나쁜 건 아니지만, 시간이 정해져 있는 오픽 시험에서는 이야기의 클라이맥스 부분을 MP로 시작하는 게 좋다. 그럼 채점자 입장에서도 앞으로 이 학생이 어떤 경험에 관해 이야기할 것인지 예측할 수 있기 때문이다.
본론	MP에서 말했던 이야기를 설명하기
결론	MP에서 말했던 내용을 1~2문장 정도로 간단하게 마무리

카페에서 누군가가 나에게 커피를 쏟은 경험에 관해 답변한다고 해보자.

X

시간 순서대로 이야기하기

저는 며칠 전에 카페에 갔어요. 마시고 싶은 음료를 주문하고 자리에 앉아 마시고 있었어요. 그리고 화장실에 가려고 일어난 순간 음료를 들고 있던 어떤 여자와 부딪혔어요. 그래서 그 여자가 들고 있던 커피가 저에게 쏟아졌죠. 저는 급히 화장실로 달려가서 옷을 정리했어요. 정말 당황스러운 경험이었어요.

GOOD!

클라이맥스를 먼저 말하고 답변 이어가기

며칠 전에 친구와 함께 카페에 갔는데 누군가가 저에게 커피를 쏟은 일이 있었어요. 정말 당황스러운 경험이었어요. 제가 마시고 싶은 음료를 주문하고 자리에 앉아 마시고 있었어요. 그리고 화장실에 가려고 일어난 순간 음료를 들고 있던 어떤 여자와 부딪혔어요. 그래서 그 여자가 들고 있던 커피가 저에게 쏟아졌죠. 저는 급히 화장실로 달려가서 옷을 정리했어요.

위와 같이 시간 순서대로 대답하는 것보다, 이야기의 클라이맥스를 먼저 말하는 것이 내가 말하고자 하는 내용을 깔끔하게 더 잘 전달할 수 있다.

4. 비교

➤ 답변 시간: 1분 30초 정도
➤ 난이도: 고급
➤ 답변 전략

MP	현재에 집중해서 내가 말하고자 하는 것, 어떻게 느끼는지, 그렇게 느낀 이유까지 이 3가지가 다 포함되어야 한다. • What? 내가 말하고 싶은 내용(한 가지) • Feeling? 그것에 대해 어떻게 느끼는지 혹은 의견 • Why? 왜 그렇게 느끼는지 이유를 설명 🔖 비교 카테고리 질문의 MP 또한 묘사 카테고리의 MP와 비슷하다. 콤보 세트에서 나오는 비교 카테고리는 현재와 과거를 비교하는 질문이 나온다. 여기서 주의할 점은 MP를 말할 때 바로 현재와 과거를 비교하는 게 아니라, '현재'에만 집중해서 MP를 말해야 한다는 것이다.
과거	MP에서 말한 내용과 연관된 과거 이야기 🔖 여기서 주의할 점은 MP에서 말했던 내용과 분명한 대조를 보여줘야 한다는 것이다. 이렇게 답변하면 자연스럽게 비교를 보여주게 된다. 그렇기 때문에 극명한 차이를 나타내주는 것을 MP로 말하는 것이 좋다.
본론	다시 현재로 돌아와 MP에서 말했던 내용을 이어 말하기 🔖 MP에서 말했던 내용을 다시 말하므로 내가 전달하고자 하는 내용이 명확해지고 또 한 번 과거에서 말했던 내용과 대조를 보여주기 때문에 자연스럽게 비교를 다시 보여주게 된다.
결론	MP에서 말했던 내용을 1~2문장 정도로 간단하게 마무리

03 오픽 IM/IH를 벗어나는 룰

솔직히... 잘 기억나지 않아요 vs. MP, 어느 것을 더 먼저 말해야 할까?

오픽 시험에 답변할 때, 지켜야 할 규칙 7가지가 있다. 이번 챕터에서는 마지막 규칙인 7번을 먼저 공부하고 나머지 규칙은 챕터 3에서 더 자세히 공부할 예정이다.

규칙7 어떤 내용을 말해야 할지 기억나지 않으면 그냥 스킵하기

질문에 답할 때 많은 학생들이 '솔직히 말해서' 전략을 많이 쓴다. 물론 질문을 처음 들으면 '내가 제일 처음으로 갔던 펍', '어렸을 때 갔던 곳' 등이 잘 떠오르지 않는다. 그래서 대부분 '내가 처음으로 갔던 펍이 잘 기억나지 않아요… 이곳이었던 것 같아요.'라고 하면서 결국 한 곳을 선택해서 답변을 이어 나간다. 물론, 오픽 시험에는 솔직하게 답변하는 게 가장 좋다. 그런데 문제는 내가 말하고 싶은 MP를 말하기 전에 솔직함을 보여주는 말을 너무 길게 하는 것이다. 그러면 당연히 채점자는 내가 말하고자 하는 MP를 명확히 전달받지 못할 것이다. 그러니 '솔직히 말해서' 전략을 사용할 때는 MP까지 포함하여 20초 안에 말해야 한다.

영상에서는 솔직한 변명은 나중에 하라고 했지만, 이 전략은 학생들이 어려워하고 잘 활용하지 못하는 경우가 많아서, 다른 전략을 도입하였다.

1. '솔직히 말해서… + MP'를 20초 안에 말하기 가능한 경우

   20초 안에 '솔직히 말해서… + MP'를 말하기 가능하다면, 계속 답변을 이어 나가면 된다.

2. '솔직히 말해서… + MP'를 20초 안에 말하기 힘든 경우

   • **White lie** 하기

   대부분 학생들은 '너무' 솔직하게 답변하려는 경향이 있다. 물론 Honesty is the best. 이지만 너무 솔직하게 답변하려고 하다 보니 '처음 경험', '최근에 했던 경험' 등을 물어보는 질문에 진짜 첫 경험과 가장 최근에 했던 경험을 생각하려고 노력한다. 하지만 질문에 너무 깊이 생각하지 않고 머릿속에 떠오르는 것을 나의 첫 경험인 것처럼, 최근에 했던 경험인 것처럼 답변하는 것이 좋다.

   • 그냥 스킵하기!

   질문을 두 번 들을 동안 답변이 떠오르지 않을 경우, 그냥 스킵하는 것이 좋다.

# 오픽 질문 스킵하는 방법

질문을 다 듣고 5초가 지나면, Next 버튼이 생성된다. 그냥 Next를 클릭하면 된다.

스킵할 때 뭐라고 해야 하나요?

아무 말 하지 않고 스킵하는 것을 추천한다. 자신감 없이 답변하는 것보다는 그냥 스킵하는 것이 좋다.

질문을 완벽하게 이해하지 못했는데 그래도 답변하는 게 좋겠죠?

질문을 잘 이해하지 못했거나 정말 할 말이 없을 때는 그냥 스킵해라. 한 가지 예로, 내가 한국어 오픽 시험을 본 적이 있다. 질문을 잘 이해하지 못했는데 대충 어떤 질문을 하는지 알 것 같아서 그냥 답변했다. 그 결과는 IH였다. 그리고 바로 웨이버를 사용해서 한 번 더 시험을 봤다. 이번엔 조금이라도 질문이 이해가 안 되면 그냥 스킵했다. 정말 시험 공부를 하나도 하지 않았다. 하지만 그 결과는 AL이었다. 그러니 다른 질문에서 답변을 정말 잘 해도 한 질문에서 질문과는 다른 이야기를 한다면 점수가 확 깎인다는 것을 알았다. 두 번째 시험에서는 질문 4개를 스킵했다.

몇 개까지 스킵해도 될까요?

우선 5개까지 스킵해도 좋다. 하지만 이건 무조건 정답은 아니기 때문에 유의하자. 나는 계속 학생들과 여러 가지 조건으로 실험한다. 현재까지는 5개까지는 스킵해도 점수를 받는 데 큰 문제가 없었다. 이건 실제 시험장에서 해야 하는 꿀팁이기 때문에 연습할 때는 스킵하지 않도록 많은 연습을 해야 한다. 스킵 가능한 개수를 이야기하는 이유는 학생들이 스킵하는 것을 많이 두려워하기 때문이다. 당연히 무조건 스킵하는 것은 좋진 않지만, 스킵도 전략적으로 한다면 좋은 점수를 받는 데 큰 도움이 될 것이다.

04 이 영상 보면
오픽 공부 방법을 바꾸게 됨

 그래서 MP는 nervous야, 치킨이야?

앞에서 MP가 왜 중요한지, 어떻게 공부해야 하는지, 그리고 카테고리별로 MP를 어떻게 말해야 하는지 알아보았다. 여기서는 실제 IH를 받은 학생의 답변을 보면서 다시 한번 MP의 중요성을 되짚어 보고, MP를 제대로 전달하기 위해 답변을 어떻게 체계적으로 구성하면 좋을지에 대해 알아보자.

QUESTION

Chap02_02Q

Tell me about a restaurant you ate out at recently. What kind of restaurant was it? What was their menu and what did you eat? Who did you go with? Did you like how the food tasted?

최근에 외식했던 식당에 대해서 말해주세요. 어떤 식당이었나요? 메뉴는 무엇이었고 당신은 어떤 걸 먹었나요? 누구와 함께 갔나요? 음식의 맛은 좋았나요?

 학생 답변

① You know, last month, my girlfriend and I decided to go, um, new restaurant that is called "Yellow Chicken".

② You know what?

③ Before we just went there, I was a little bit nervous, actually… because, you know, she was a little bit sensitive and, you know, like, picky to choose a new restaurant.

④ You know what I mean.

⑤ But fortunately, my decision was definitely right.

⑥ You know what, the chicken that I ordered before was, you know, almost like flawless.

⑦ You know what I mean?

⑧ It was like, you know, so chewy and we could feel like, you know, aftertaste from this meat, right?

⑨ OMG!

⑩ If I may be allowed a little bit exaggerated, you know, it was like another class like, you know, Cristiano Ronaldo in the Champions League.

⑪ You know what I'm talking about, right?

⑫ So, my tongue was screaming for joy.

⑬ So, we had a really great time and then she was like, "Thank you very much!"

⑭ So, it was really enjoyable time about the restaurant, recently.

① 지난달에 여자 친구와 "옐로우 치킨"이라는 새로 생긴 식당에 갔어요. ② 있잖아요. ③ 사실 그곳에 가기 전에 살짝 긴장했어요… 왜냐하면 여자 친구가 좀 예민해서 새로운 식당 고르는 데 좀 까다로워요. ④ 무슨 말인지 알죠? ⑤ 하지만, 다행스럽게도 제 선택은 옳았어요. ⑥ 제가 주문한 치킨은 정말 맛있었어요. ⑦ 무슨 말인지 알죠? ⑧ 쫄깃했고, 여운이 남을 정도였어요. ⑨ 오 마이 갓! ⑩ 약간 과장을 한다면, 챔피언스 리그의 크리스티아누 호날두처럼 완전 다른 레벨이었어요. ⑪ 무슨 말인지 알죠? ⑫ 정말 맛있었어요. ⑬ 우린 즐거운 시간을 보냈고, 여자 친구는 "정말 고마워!"라고 했어요. ⑭ 그래서 이게 최근 새로운 식당에서 있었던 즐거운 시간이었어요.

Useful Expressions

③ sensitive 예민한 | ③ picky 까다로운 | ⑥ flawless 흠잡을 데가 없는 | ⑧ chewy 쫄깃한 | ⑩ exaggerate 과장하다 | ⑫ My tongue was screaming for joy. 내 혀가 기뻐서 비명을 지르고 있었다. (혀를 의인화한 표현)

'nervous'를 MP로 한다면?

이 학생의 답변을 잘 보면 MP는 내가 긴장을 했다는 것이 아니라 '치킨'임을 알 수 있다. 실제 MP는 '치킨'인데 답변의 시작인 MP에서는 '긴장한 것'에 대해서만 이야기를 했다. 이러한 구성 때문에 이 학생의 답변은 MP가 '긴장(nervous)'이고 본론(부연 설명)이 '치킨'이 되었다.

이 답변을 조금 더 깔끔하게 완성하기 위해서는 MP에 치킨을 말하고, 본론에서는 긴장한 (nervous) 내용을 말한 뒤, 결론에서 다시 치킨 이야기를 하는 것이 좋다. 물론 이 학생의 답변도 IH를 받을 만큼 좋았다. 하지만 내가 문법이 완벽하지 않은 상태에서 이야기를 체계적으로 전달하지 못한다면 채점자가 내용을 헷갈릴 수밖에 없기 때문에 MP를 잘 잡는 게 중요하다. 그럼, 여기서 이 답변을 체계적으로 구성할 수 있는 두 가지 방법을 말해주겠다. 먼저, MP를 nervous로 하고 싶다면, 이렇게 내용을 구성하면 된다.

MP	❶ You know, the other day, when I went to a restaurant with my girlfriend, I was actually very, very **nervous** because my girlfriend is just so picky. ❷ I could never succeed at making her happy whenever I had to choose a restaurant. ❸ So, I was extremely **nervous** about it. ❹ I didn't know if I was going to succeed.
본론	❺ But I ended up choosing this chicken restaurant, you know… and I realized that, oh my goodness, I succeeded because she loved the chicken restaurant. ❻ And, you know, I was so **happy** because I finally was able to prove that I could choose a very nice restaurant for us, you know? ❼ Up until this time, she did all the choosing because she could never trust me. ❽ But this time, just a few days ago, like I said, it was amazing because I was able to finally impress her.
결론	❾ And so next time, I'm sure she's gonna let me choose because now, I'm the master at choosing a restaurant.

부연 설명은 MP에서 말한 내용에서 많이 벗어나지 않되, 너무 길게 설명하면 안 된다. 그리고 다시 MP에서 말했던 nervous 포인트로 돌아와야 한다.

이제는 nervous 하지 않음

❶ 저번에 여자 친구와 식당에 갔을 때, 너무너무 긴장이 됐어요. 왜냐하면 여자 친구가 꽤 까다롭거든요. ❷ 제가 식당을 골라야 할 때마다 여자 친구를 행복하게 하는 데 성공한 적이 없어요. ❸ 그래서 식당을 고르는 게 매우 긴장됐어요. ❹ 제가 성공할 수 있을지 몰랐죠. ❺ 하지만 결국 이 치킨집을 골랐어요… 그리고 세상에나, 제가 성공했다는 걸 깨달았어요. 왜냐하면 여자 친구가 이 치킨집을 좋아했거든요. ❻ 그리고 알다시피, 너무 행복했어요. 왜냐하면 드디어 제가 좋은 식당을 고를 수 있다는 걸 증명할 수 있었기 때문이에요. ❼ 그전까지는 여자 친구가 절 믿지 못해서 매번 본인이 직접 식당을 골랐어요. ❽ 하지만 이번에는, 바로 며칠 전에, 제가 말했듯이 드디어 여자 친구에게 깊은 인상을 줄 수 있어서 좋았어요. ❾ 그래서 다음번엔 제가 식당을 고를 수 있게 해줄 거라고 확신해요. 왜냐하면 지금 전 식당 선택의 달인이거든요.

지금 이 답변은 MP를 nervous로 잡고 그 뒤의 내용도 계속 '내가 긴장한 것'에 집중해서 말하고 있다. 물론 치킨에 대한 내용도 등장했지만 어디까지나 부연 설명을 위한 내용이었다. 이 답변에서 집중한 내용은 '내가 긴장을 했다. 그래도 성공했다.'이다.

'치킨'을 MP로 한다면?

MP

① All right, so, you know, just the other day, my girlfriend and I… we went to this frigging amazing chicken restaurant.

② It was literally the best chicken we have ever had in our lives.

③ I don't know, they probably put some crack in this chicken or something…

④ I don't know, it was literally so good.

본론

⑤ And honestly, before we went there, I actually had to choose the restaurant, you know, because, um, I wanted to impress my girlfriend.

⑥ But, you know, I always failed in the past.

⑦ And so, my girlfriend was very doubtful.

⑧ And so, I was a little bit nervous.

⑨ I failed every single time.

⑩ And so, you know, I really wanted to show her that I could choose a good restaurant.

⑪ And, my goodness, I succeeded, you know, and… once we went there, my girlfriend said, "You know, Sam, you are the master!"

⑫ And I felt so happy that she said that, you know?

⑬ She admitted that this was literally the best chicken restaurant ever, you know, and honestly, she doesn't really like chicken all that much.

⑭ She always prefers beef, but this restaurant made her really like chicken even more.

⑮ You know what I'm saying?

결론

⑯ And so, next time, I'm sure she's gonna let me choose the restaurant again because now, I'm a master at picking restaurants.

⑰ You know what I'm trying to say, right?

---

① 그러니까, 바로 며칠 전에 여자 친구와 정말 맛있는 치킨집에 갔었어요. ② 말 그대로 우리가 먹었던 치킨 중 최고였어요. ③ 이 치킨에 마약을 넣은 건지… 모르겠어요. ④ 모르겠어요, 말 그대로 너무 맛있었어요. ⑤ 그리고 솔직히, 우리가 그곳에 가기 전에 제가 식당을 골라야만 했어요. 왜냐하면 여자 친구에게 깊은 인상을 주고 싶었거든요. ⑥ 하지만, 예전엔 매번 실패했어요. ⑦ 그 래서 여자 친구가 매우 의심스러워했어요. ⑧ 그래서 조금 긴장을 했어요. ⑨ 매번 실패했으니까. ⑩ 그래서, 저도 좋은 식당을 고를 수 있다는 걸 보여주고 싶었어요. ⑪ 그리고 세상에나, 제가 성공했어요. 우리가 그곳에 가자마자 여자 친구가 "Sam, 완전 전 문가네"라고 했어요. ⑫ 여자 친구가 그렇게 말해서 너무 행복했어요. ⑬ 여자 친구는 이곳이 말 그대로 최고의 치킨집이라고 인 정했어요. 솔직히, 여자 친구가 치킨을 그렇게 좋아하지는 않거든요. ⑭ 항상 소고기를 선호해요. 하지만 이 식당은 여자 친구가 치 킨을 더 좋아하게 만들었어요. ⑮ 무슨 말 하는지 알겠죠? ⑯ 그리고 다음번에, 제가 다시 식당을 고르게 할 거라고 확신해요. 왜 나하면 전 식당 고르기 달인이니까요. ⑰ 무슨 말 하려는지 알겠죠?

Useful Expressions

⑤ impress someone ～에게 깊은 인상을 주다 | ⑦ doubtful 의심이 가득한 | ⑨ every single time 매번 (every time 보다 조금 더 강조된 표현)

이번 답변에서는 MP를 '치킨'으로 잡고 부연 설명을 nervous로 했다. 이처럼 MP를 어떤 것으로 할지 먼저 정한 후에 답변을 구성하면 훨씬 더 체계적으로 답변할 수 있다.

지금까지 MP를 'nervous'로 할지, '치킨'으로 할지에 따라서 내용을 어떤 식으로 구성하면 체계적으로 답할 수 있을지 알아보았다. MP가 무엇이든 가장 중요한 것은 첫 번째로 MP를 말하고 그 뒤에는 '부연 설명'을 해주는 내용을 조금 넣고 다시 'MP에서 언급했던 내용'을 말해야 한다는 것이다. 이런 구성으로 답변을 하면 MP에서 말했던 내용을 집중적으로 말하고 있다'는 것을 잘 드러낼 수 있기 때문에 나의 MP를 확실히 전달할 수 있다.

MEMO

CHAPTER

03

묘사

01 쉬운 단어들을 쓰면 오픽에서 더 높은 점수를 받을 수 있습니다

오픽 시험에 답변할 때도 지켜야 할 규칙이 있다?

묘사 카테고리에서뿐만 아니라 오픽 시험의 모든 카테고리에서 지켜야 할 규칙들이 있다. '집' 주제 질문을 통해 설명하도록 하겠다.

문제 듣기

Chap03_01Q

QUESTION

I would like to know where you live. Describe your home. What does it look like? How many rooms does it have? Give me a description with lots of details.

당신이 사는 곳을 알고 싶어요. 집에 대해 설명해주세요. 어떻게 생겼나요? 방은 몇 개인가요? 자세한 것들을 말해주세요.

학생 답변

❶ Oh, you wanna know about my place?
❷ OK.
❸ Basically, I live in 4-story house.
❹ This place very small place.
❺ Looks like, maybe… shoebox?
❻ So… but… this place very, very comfortable and cozy because only focus me.
❼ Focus to me.
❽ And so, this place nearby university 공주.
❾ Very, very good.
❿ Favorite.
⓫ So, I graduated university 공주.
⓬ So, this place very looks like… ugh, like, I feel like so comfortable.
⓭ That's all.

❶ 오, 우리 집에 대해 알고 싶어요? ❷ 알겠어요. ❸ 저는 4층 집에 살고 있어요. ❹ 정말 작아요. ❺ 아마, 신발 상자 정도? ❻ 그래서… 하지만… 여긴 제게만 집중하기 때문에 엄청 편안하고 아늑해요. ❼ 나에게 집중해요. ❽ 그래서, 우리 집은 공주대학교 근처예요. ❾ 너무너무 좋아요. ❿ 제일 좋아요. ⓫ 그래서, 전 공주대학교를 졸업했어요. ⓬ 우리 집은… 너무 편안해요. ⓭ 그게 다예요.

Useful Expressions

❸ basically 일단은, 기본적으로 | ❸ 4-story house 4층짜리 집 | ❺ shoebox 신발 상자 | ❻ comfortable 편안한 | ❻ cozy 아늑한 | ❽ nearby 근처

규칙 1 Ava에게 질문하지 않기
질문할 경우에는 대답이 필요 없는 '수사적 질문' 하기

❶ Oh, you wanna know about my place?

먼저 질문을 하며 답변을 자연스럽게 말하려고 노력했다. 이 부분은 정말 좋다. 하지만 여기서 알아야 할 것이 있다. 바로 'Ava에게 질문하지 않기'다. 학생들이 IH를 못 받는 이유는 '어색한 질문을 하는 것' 때문이다. 답변을 자연스럽게 하려고 질문을 하는 학생들이 많은데, 되도록 Ava에게 질문하지 않도록 하자. 질문을 하기보다는 다음과 같이 인정하는 방식이 더 좋다. 만약, Ava에게 질문하고 싶을 때는 '수사적 질문'을 하자.

Oh, so you wanna know about my place… alright, well…
오, 저의 집에 대해 알고 싶군요… 좋아요, 그럼…

꿀팁! 수사적 질문이란?
답을 요구하지 않고 주장 또는 감정을 나타내기 위해 사용되는 질문이다. 주로 말하는 사람의 의견이나 주장을 강조하거나 듣는 사람의 관심을 돌리기 위해 사용된다. 이러한 질문은 답을 요구하는 것이 아니므로, 실제로는 답변이 없거나 기대되는 답변이 이미 내포되어 있을 수 있다.

오픽에서 쓰기 좋은 수사적 질문: 무슨 말인지 알겠지?
- Right?
- You understand, right?
- You get what I'm trying to say, right?
- You know what I'm trying to say, right?
- You know what I mean, right?

규칙 2 사용하기 불편한 어려운 단어 쓰지 않기
사용하기 편하고 자신감 있게 쓸 수 있는 간단한 단어 사용하기

❷ OK.
❸ Basically, I live in **4-story house**.

이 학생은 자신이 4층 집(4-story house)에 산다고 설명했다. 사실 이 학생은 4층짜리 건물의 한 층에 살았다는 것을 말하고 싶었다. 하지만 이 표현(4-story house) 때문에 4층으로 된 집에 살고 있다는 의미로 느껴졌다. 오픽 시험에서 어려운 단어를 쓰면 높은 점수를 받을 수 있다고 생각하는 사람들이 많다. 하지만 어려운 단어를 잘못 써서 어색하게 들리는 경우가 많기 때문에 오히려 쉬운 단어를 쓰는 게 좋다.

이 학생도 어려운 단어를 써서 대답했지만, 오히려 전달하고자 하는 뜻은 제대로 전달되지 않았고 어색하게 들렸다. 따라서 대답할 때는 어려운 단어는 사용을 자제하고, 사용하기 편하면서 내가 자신 있게 쓸 수 있는 간단한 단어를 사용하는 것이 좋다. 이 답변에서도

My home is really small.
우리 집은 정말 작아요.

라고 말하는 것이 더 좋았을 것이다. 이렇게 쉬운 단어를 써서 대답하면 훨씬 더 자연스럽고 깔끔한 느낌을 줄 수 있다.

규칙 3 한 문장에서 같은 단어 반복하지 않기

❹ This place very small place.

❺ Looks like, maybe... shoebox?

❹ This place는 '자신의 집이 아니다'라는 느낌이 나기 때문에 이렇게 바꾸는 게 좋다.

- **It**'s a very small place.
- **My** place is a very small place.

그런데 여기서 한 가지 더 짚고 넘어가야 할 부분이 있다. 바로 '한 문장에서 같은 단어 반복하지 않기'다. 무언가를 강조하기 위해 일부러 한 문장에 같은 단어를 반복하는 경우도 있다.

My place is **small**... very **small**.

하지만 이 학생의 답변인 This place very small place.에서는 동사 is와 관사 a가 빠진 틀린 문장이다. place를 반복적으로 말해서 강조하는 느낌을 주는 것보다는 문법적으로 틀린 부분이 더 강조되었다. 따라서, 강조를 위해 한 문장에 같은 단어를 반복해서 쓰는 것은 IH 등급 이상의 학생들에게 추천하는 방법이다.

❺번 문장에서는 like를 써서 '직유법'을 사용하였다. IM 학생들은 직유법에 대해 크게 신경 쓸 필요는 없다. 그러나 직유법을 활용하여 답변하는 연습을 하면 더 좋은 성적을 얻을 수 있다. 그러니 시간적으로 여유가 있다면 직유법을 사용하는 연습을 해보도록 하자.

꿀팁! 직유법이란?

like '~처럼'을 써서 서로 다른 두 가지 대상을 비교하는 방법을 직유법이라고 한다. '마치 ~처럼 ~하다' 또는 '~와 같다'로 해석된다.

- My place is very small. It looks like a shoebox.
  저희 집은 정말 작아요. 마치 신발 상자 같아요.
- My living room is dark. It's like a cave.
  우리 거실은 어두워요. 마치 동굴 같아요.

❻ So… but… this place very, very **comfortable and cozy** because only **focus** me.

❼ **Focus to me.**

이 문장에서는 focus가 어색하게 들리기 때문에 이렇게 바꿔보았다.

> My place is very, very comfortable and cozy.
> It's just **right** for me.
> But it's not too small.
> It's **perfect**!
> 우리 집은 엄청 편안하고 아늑해요. / 저에게 딱 맞아요. / 그런데, 그렇게 작지는 않아요. / 완벽해요!

하지만 여기에서도 문제가 하나 있다. '무언가를 묘사하는 단어나 감정을 나타내는 단어 2개를 말할 때, and 사용하지 않기'를 어긴 점이다. 왜 and를 사용하면 안 되는 것일까? 바로 너무 많은 학생들이 비슷한 패턴의 표현을 써서 스크립트처럼 들리기 때문이다. 실제로 스크립트를 외운 많은 학생들이 이렇게 말했다.

comfy and cozy 편안하고 아늑한   crispy and crunchy 바삭하고 아삭한
juicy and tender 육즙이 가득하고 부드러운   wind down and relax 긴장을 풀고 휴식을 취하다

그렇다면 어떻게 두 가지 이상의 감정을 표현할 수 있을까? 바로 and로 연결된 한 문장을 두 문장으로 만들면 된다. 예를 들어,

My room is comfy and cozy.

My room is just so, you know, **comfy**. I mean, it's just so **cozy**!

이렇게 한 문장을 두 문장으로 나눠서 감정을 표현하면, 스크립트 느낌을 주지 않으면서도 답변을 더 길게 만들 수 있다.

규칙 5 한 가지 주제에 대해서만 말하기

⑧ And so, this place nearby university 공주.
⑨ Very, very good.
⑩ Favorite.
⑪ So, I graduated university 공주.

이 부분에서는 '한 가지 주제에 대해서만 말하기' 규칙을 지키지 않았다. 앞에서 '작은 집'에 대해 이야기를 했으면 뒤에서는 '작은 집'과 관련이 없는 내용을 말해서는 안 된다. 그러면 '답변이 너무 짧아져서 안 좋지 않을까?'라는 생각이 들 수 있다. 하지만 오히려 이 부분을 빼면 답변이 더 깔끔해진다. 답변하면서 긴장되어 내가 말하고 싶은 주제에서 벗어난 관련 없는 이야기는 하지 않는 게 좋다. '한 가지 주제에 대해서만 말하기'를 잊지 말고 지킬 수 있도록 하자.

지금 보고 있는 답변으로 예로 들자면, 계속해서 이야기했던 '작은 집이 얼마나 편안한지'에 대해 말하면 된다.

- **because it saves you money.** 돈을 절약할 수 있다. (작은 집은 월세가 저렴하기 때문에)
- **because it saves you time.** 시간 절약을 할 수 있다. (작은 집은 청소 시간이 적게 들기 때문에)
- **because it has stronger wifi connection.** 와이파이 신호가 더 강하다. (작은 집은 와이파이 신호가 더 세기 때문에)

이 밖에도 작은 집에 관해 다양한 이야기를 할 수 있다. 그러니 작은 집과 관련 없는 이야기는 빼고, 작은 집과 관련 있는 이야기만 말하자.

⑬ That's all.

이 표현은 많은 IM 학생들이 답변을 마무리 지을 때 자주 쓰는 표현이다. 이외에도 That's it. Thank you. 를 많이 쓰는데 이런 표현을 쓰면 자연스럽게 들리지 않고 자신감이 부족해 보인다. 그러니 답변을 끝낼 때는 내용을 한번 더 정리하거나 이야기 주제를 강조하는 문장으로 마무리 짓자.

지금까지 '내가 살고 있는 집에 대해 묘사'하기 질문에 관한 답을 바탕으로 어떻게 대답하면 좋은지 살펴보았다. 그럼 다시 한번 더, 답변할 때 중요한 포인트를 복습해 보자.

# 꼭 지켜야 할 7가지 규칙

규칙 1 Ava에게 질문하지 않기
질문할 경우에는 대답이 필요 없는 '수사적 질문'하기

규칙 2 사용하기 불편한 어려운 단어 쓰지 않기
사용하기 편하고 자신감 있게 쓸 수 있는 간단한 단어 사용하기

규칙 3 한 문장에서 같은 단어 반복하지 않기

규칙 4 무언가를 묘사하는 단어나 감정을 나타내는 단어 2개를 말할 때, and 사용하지 않기

규칙 5 한 가지 주제에 대해서만 말하기

규칙 6 긴장이 되고 할 말이 없을 때는 바로 결론으로 가기 ─→ 규칙 6은 개정판의 내용상 부득이하게 빠졌지만 더 깊이 공부하고 싶은 학생들은 IM 시리즈 2을 참고하길 바란다.

규칙 7 어떤 내용을 말해야 할지 기억나지 않으면 그냥 스킵하기 ─→ 규칙 7은 앞에서 살펴본 'MP' 챕터에서 더 자세한 내용을 볼 수 있다.

MEMO

02 오픽 묘사 질문 대답을 어떻게 영어로 뇌에 쏙쏙 박히게 만들까

MP... 네가 여기서 왜 나와?

묘사 카테고리는 중급 수준의 질문으로 약 90%의 비율로 콤보 세트의 첫 번째 질문으로 나온다. 권장 답변 시간은 1분 정도이다. 여기서 콤보 세트란, 동일한 주제에 관해 물어보는 3가지 질문 세트를 말한다. (2, 3, 4번) / (5, 6, 7번) / (8, 9, 10번) 이렇게 세 번의 콤보 세트가 나온다. 다시 말해, 묘사 카테고리는 이 콤보 세트의 3개 질문 중 첫 번째 질문(2번, 5번, 8번)으로 가장 많이 나오는 유형이라는 것이다.

오픽 시험에서 답변할 때 가장 중요한 것은 바로 '깔끔한 MP'가 있어야 한다는 것이다. 묘사 카테고리는 다음의 3가지가 꼭 있어야 한다. **참고** CHAPTER 02. MP & 전략

- **What? 내가 말하고자 하는 것**
- **Feeling? 그것에 관해 어떻게 느끼는지**
- **Why? 그 이유**

주의해야 할 점은 **규칙5** 한 가지 주제에 대해서만 말하기를 잘 지켜야 한다는 것이다. 여기서 배울 MP는 묘사 카테고리뿐만 아니라 모든 카테고리(습관 제외)에도 동일하게 적용되기 때문에 연습을 많이 해보도록 하자. 그렇다면 묘사 질문에 MP를 어떻게 넣어서 답변해야 하는지 예시를 통해 설명하겠다.

▶ 묘사 카테고리 답변 전략

MP	• What? 내가 말하고 싶은 내용(한 가지) • Feeling? 그것에 대해 어떻게 느끼는지 혹은 의견 • Why? 왜 그렇게 느끼는지 이유를 설명 🗨 말하고자 하는 것, 어떻게 느끼는지, 그렇게 느낀 이유까지 이 3가지가 모두 포함되어야 비로소 MP가 완성된다. 애초에 묘사 카테고리 질문은 간단한 질문이기 때문에 답변의 길이 자체를 짧게 해도 괜찮다.
본론	MP에서 말했던 내용에 관해 부가적인 설명
결론	MP에서 말했던 내용을 1~2문장 정도로 간단하게 마무리

문제 듣기

Chap03_02Q

QUESTION

Tell me about your home.

당신의 집에 관해 말해주세요.

예시 MP 답변 1

초초반이란?
→ MP를 말하기 전, 약간의 소개를 하기 위해 넣은 말

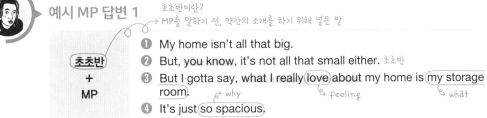

초초반
+
MP

❶ My home isn't all that big.
❷ But, you know, it's not all that small either. 초초반
❸ But I gotta say, what I really love about my home is my storage room.   → why   → feeling   → what
❹ It's just so spacious.

❶ 우리 집은 그렇게 크진 않아요.   ❷ 하지만, 그렇게 작지도 않아요.   ❸ 그러나, 제가 우리 집에서 제일 좋아하는 곳은 창고라고 할 수 있습니다.   ❹ 정말 넓어요.

Useful Expressions

❸ storage room 창고 | ❹ spacious 넓은

❶ My home isn't all that big.

❷ But, you know, it's not all that small either. 초초반

영상에서는 초초반을 '설명하는 필러'라고 했지만, 명칭 때문에 실제 필러들과 헷갈려 하는 사람들이 있어 명칭을 바꿨다. '초초반'은 질문을 듣고 잠시 생각하는 모습을 보이며 자연스럽게 답변으로 이어지는 역할을 한다. 하지만 여기서 주의해야 할 점이 있다. 우리가 1시간 운동할 때 준비운동은 고작 5~10분 정도를 한다. 초초반도 똑같다. 답변의 너무 많은 시간을 할애하면 스크립트 냄새가 나고 내가 전달하고자 하는 메시지가 불명확해질 수 있으므로 짧고 간단하게 해야 한다. 이것은 IH에서 AL로 올라가고 싶은 학생들에겐 꼭 추천하는 답변 방식 중 하나이다. 이보다 낮은 레벨의 학생들은 연습을 해보고 너무 어렵다고 생각된다면 꼭 하지 않아도 된다.

❸ But I gotta say, what I really love about my home is my storage room.

❹ It's just so spacious.

MP 부분이다. MP를 잡고 답변을 시작하면 좋은 점은 '내가 말하고 싶은 것에 관해 어떻게 느끼는지 잘 보여줄 수 있다'는 것이다. 그리고 앞으로 '어떤 것에 대해 말할 것인지' 너무나도 명확하게 보여줄 수 있다. 여기 예시 답변에서도 '앞으로 내가 창고(my storage room)에 대해 말하리라'는 것을 채점자도 명확히 알 수 있다.

한 가지 더, 답변에서 what I really love (about) 표현을 썼다. '내가 (~에 대해) 가장 좋아하는 것은'이라는 뜻으로 이와 비슷한 뜻을 가진 표현이 하나 더 있다. 바로 my favorite이다. 많은 사람이 알고 자주 쓰는 표현이지만, '내가 제일 좋아하는 것은 ~다'라고 표현하고 싶을 때 대부분은 my favorite만 쓰기 때문에 what I really love (about)처럼 색다른 표현을 사용하면 더욱 문장을 부드럽게 만들 수 있다.

꿀팁! Spacious '(집이) 넓은' 대신 쓸 수 있는 단어

- **roomy** 공간이 넓은, 널찍한 *방의 크기보다 자동차, 가방과 같은 '사물의 넓고 넉넉한 공간'을 설명할 때 쓴다.
- **generous** 넓은, 널찍한
- **ample** 충분한, 넉넉한

여기서 초초반도 넣고, MP도 깔끔하게 전달하는 좋은 방법이 하나 더 있다. 그냥 간단하게 MP를 먼저 말하고 이어서 초초반을 말하는 것이다. 이것을 예시 답변을 통해 설명하도록 하겠다.

 예시 MP 답변 2

MP
+
초초반

❶ You know, I gotta say, what I really love about my home is my storage room.
❷ It's just so spacious.
❸ You see, my home isn't all that big.
❹ But, you know, it's not all that small either. 초초반
❺ But none of that really matters, I guess, because I love how big my storage room is.

❶ 우리 집에서 제일 좋아하는 곳은 창고입니다. ❷ 정말 넓어요. ❸ 잘 들어봐요, 우리 집은 그렇게 크진 않아요. ❹ 하지만, 그렇게 작지도 않아요. ❺ 그러나, 전 제 창고가 너무 커서 좋기 때문에 그건 중요하지 않아요.

---

❸ You see, my home isn't all that big.
❹ But, you know, it's not all that small either. 초초반

앞에서 살펴본 예시 1과 다르게 여기서는 2가지가 추가되었다. 첫 번째는 you see라는 필러이다. 이 필러는 어떤 것을 설명할 때 상대의 주의를 끌거나 이해를 돕기 위해 쓰면 좋은 필러로, '자, 잘 들어봐.'라는 뜻이다. 이것은 높은 수준의 필러로, 자연스럽게 사용하면 교포 느낌을 줄 수 있다. 오픽은 자연스러움이 중요한 시험이므로 기억하고 사용하도록 하자.

---

❺ But none of that really matters, I guess, because I love how big my storage room is.

그리고 두 번째로 추가된 것은 바로 이것이다. 앞에서 설명한 MP를 다시 언급하는 문장이다. 예시 답변 2를 보면 MP를 처음에 말한 뒤, 창고 이야기가 아닌 '우리 집 크기'에 대해 말해서 자칫 잘못하면 MP와는 다른 얘기를 한다고 느낄 수 있다. 하지만 여기서 이 문장(창고 이야기)을 추가로 말하면서 '내가 말하고자 하는 MP'에 관해 계속 이야기할 것이라는 의도를 잘 전달할 수 있다. 그리고 이 문장에서 really와 I guess를 주목해서 보자. 이 표현들은 때때로 필러처럼 사용하면 좋은 표현들이다. 이 표현들은 뒤에 나오는 '패션'과 '가구' 주제에서 더 자세히 설명하겠다.

03 오픽 패션, 가구 묘사 답변

'패션' 주제에 대한 질문&예시 답변

패션 주제로 MP를 다시 한번 연습해 보도록 하자.

QUESTION

What do people usually wear in your country? What's the fashion like in your country?

당신의 나라에서 사람들은 보통 무엇을 입나요? 당신의 나라의 패션은 어떤가요?

Chap03_03Q

예시 답변

MP	❶ You know, I gotta say, what I really hate about fashion here in Korea is that people tend to only wear safe colors. _feeling_ _what_ _what_ ❷ I guess you can say I find it quite boring. _why_
본론	❸ You see, for me, I try not to follow those trends. ❹ I try to be as colorful as possible. ❺ I guess you can say that I like to stand out.

❶ 한국 패션이 싫은 점은 사람들이 너무 평범한 색만 입는다는 거예요. ❷ 제 생각에는 완전 진부해요. ❸ 저는 그것을 따라 하지 않으려고 합니다. ❹ 가능한 한 화려하게 입으려고 해요. ❺ 제가 눈에 띄는 걸 좋아한다고 말할 수 있을 것 같네요.

꿀팁! I guess you can say...

이 표현은 '~라고 할 수 있겠네요'라는 의미로, 주로 어떤 주장이나 설명을 덧붙일 때 사용된다.

- **I guess you can say** he's an artist. 그는 예술가라고 할 수 있겠네요.
- **I guess you can say** that movie is romantic. 그 영화는 로맨틱하다고 할 수 있겠네요.

Useful Expressions

❶ tend to ~하는 경향이 있다 | ❶ safe color 평범한 색깔 | ❷ I find 내 생각에는 ~하다(I think와 비슷) | ❷ quite 꽤, 엄청 |
❺ stand out 눈에 띄다

❶ You know, I gotta say, what I really hate about fashion here in Korea is that people tend to only wear safe colors.

❷ I guess you can say I find it quite boring.

MP 부분이다. 첫 부분에 '한국 사람은 평범한 색을 입는다, 나는 그게 진부해서 별로 안 좋아한다.'라는 MP를 말해주었다. 그리고 I find는 I think처럼 내 생각을 보여주는 표현이지만, I think보다 주관적인 경험을 강조하면서 나의 개인적인 평가를 나타내므로 나의 감정을 더 구체적으로 보여줄 수 있는 표현이다.

❸ You see, for me, I try not to follow those trends.

❹ I try to be as colorful as possible.

본론에 해당하며 MP가 끝난 후, MP에서 말했던 내용을 부연 설명하는 부분이다. 사실 이 예시 질문은 일반적인 '사람들'에 관해 묻는 것이기 때문에 답변하기가 더 어렵다. 예전에는 이렇게 일반적인 사람들에 관해 묻는 질문은 '나'로 컨트롤해서 답변하라고 했다. 하지만, 요즘 채점자들이 많이 까다로워지고 있기 때문에 질문에서 people을 물어보면 people로 답변하는 것을 추천한다. 이런 질문들은 보통 IHU 14, 15번에서 자주 나온다. 하지만 내가 추천하는 난이도 6-6을 고르면 가끔 콤보 세트에서도 이렇게 사람에 관해 묻는 질문이 나올 수 있다. 사람에 관해 묻는 질문은 사람으로 답변해야 한다는 것을 잊지 말자. 그래서 '나'의 감정이 아닌 '다른 사람'의 감정을 잘 보여줄 수 있도록 많은 연습을 해야 한다. 이런 질문이 어렵기는 하지만 잘 답변한다면 정말 높은 점수를 받을 확률이 높아지기 때문에 많이 연습하는 것을 추천한다.

참고 CHAPTER 08. IHU 14, 15

이렇게 예시 답변처럼 '나'의 이야기를 했다면 다시 '사람들'의 내용으로 돌아와야 한다. 나의 이야기를 하고 싶다면 아주 살짝 간단하게 해야 한다는 것을 명심하도록 하자.

❺ I guess you can say that I like to stand out.

I guess는 종종 you know나 um 필러와 비슷하게 사용되기도 한다. 그래서 you know와 um처럼 사용하기 쉽고, 거의 아무 데나 쓸 수 있다. 그러나 한 가지 차이점이 있다. you know는 일상 대화에서 흔히 사용하는 말이기 때문에 대부분의 경우에 자연스럽게 녹아들게 된다. 그래서 한 답변에 여러 번 쓸 수 있지만, I guess는 말하는 사람의 의견이나 생각을 덧붙이는 역할을 하기 때문에 너무 자주 사용하면 반복적이고 의미 없이 덧붙여진 것처럼 보일 수 있다. 또한 그 의미가 희석될 수 있기 때문에 한두 번만 써야 한다. 그리고 I guess와 같이 쓰면 좋은 표현이 있다. 바로 You can say '결국은 이거다, 결국은 이런 뜻이다'라는 표현이다. 어떤 것을 설명할 때 쓰면 좋다.

'가구' 주제에 대한 질문&예시 답변

가구 주제로 MP를 다시 한번 연습해 보도록 하자.

QUESTION

문제 듣기

Chap03_04Q

Tell me about the furniture in your home.

당신의 집에 있는 가구에 대해 말해주세요.

예시 답변

MP	❶ What I really find ⟨interesting⟩ about ⟨my work desk⟩ is that ⟨it's the only dark furniture that I have at home⟩. ↳feeling ↳what ↳why
본론	❷ It's completely black and totally stands out in my living room. ❸ It's funny because all my other furniture is light in color.

❶ 제 업무용 책상이 흥미로운 점은 우리 집 가구 중 유일하게 어두운 가구라는 점이에요. ❷ 새까만 색인데 거실에서 엄청 눈에 띄어요.   ❸ 제 가구는 다 밝은색인데 신기하죠.

Useful Expressions

❶ What I really find~ 내가 정말 ~하게 생각하는 것은 | ❷ completely 완전히, 완벽하게 | ❸ totally 완전히

① What I really find interesting about my work desk is that it's the only dark furniture that I have at home.

여기에서도 답변을 시작하면서 '내 업무용 책상'을 간단히 말함으로써 MP를 채점자에게 직접적으로 전달하고 있다. 어두운 책상에 대해 말하면서 바로 '내 책상은 검은색이야'라고 하지 않고 dark라는 표현을 써서 계속 책상 이야기를 할 것이라는 여지를 주고 있다. 그리고 질문에서 사용되었던 단어, furniture를 쓰기 위해 furniture that I have at home이라고 말했다. 이렇게 질문에서 사용되었던 단어를 사용하면 답변이 훨씬 좋아질 수 있으니 연습을 해서 자연스럽게 말할 수 있도록 하자.

② It's completely black and totally stands out in my living room.

두 번째 문장에서 쓰인 stands out은 '어떤 곳에서 이것만 눈에 보인다.'는 느낌의 단어이다. completely와 totally는 각각 black과 stands out의 의미를 더욱 극대화해 주는 것으로 사용되었다.

③ It's funny because all my other furniture is light in color.

It's funny는 '흥미롭다, 신기하다'라는 뜻으로 웃음을 유발하거나 사람들의 관심을 끌 수 있는 재밌는 사실을 말할 때 사용한다. 이것은 답변을 더 자연스럽게 들릴 수 있도록 도와준다. 그리고 all도 앞이 아닌 문장의 중간 부분에 넣어서 쓸 수 있다.

- **All** my other furniture is light in color.
- My other furniture is **all** light in color.

이렇게 처음에는 '어두운 책상'을 좋아한다는 것을 MP로 말하고 그 뒤에는 '다른 가구들은 밝다'는 것을 살짝 언급하고 다시 '어두운 책상'에 대한 이야기를 이어서 말하면 답변이 완성된다. 집, 패션, 가구 질문들은 주제만 다르지 그에 대한 답변을 말하는 방식과 구조는 동일하다.

꿀팁! What I really find interesting (about something) is that...

이 표현은 '(~에 관해) 흥미로운 점은'이라는 의미로 주로 자신의 의견이나 감정을 강조하고자 할 때 사용된다. 특정 주제에 대해 흥미로운 점을 강조하고자 할 때 쓰면 좋다. 이 표현을 사용한 몇 가지 예문을 더 알려주겠다.

- **What I really find interesting about Canada is that** they have the best maple syrup.
  캐나다에 대해 정말 흥미롭게 생각하는 점은 최고의 메이플 시럽을 가지고 있다는 것이에요.
- **What I really find interesting about Christmas is that** people spend a lot of money on gifts.
  크리스마스의 흥미로운 점은 사람들이 선물에 많은 돈을 쓴다는 것입니다.

04 controlled singular 전략을 사용 못 하면 AL 꿈 깨!

답변 시간은 정해져 있는데 어떻게 하면 질문에 대한 답을 다 할 수 있나요?

– controlled singular 전략

이번에는 '카페' 주제에 대한 묘사 질문을 살펴보자.

QUESTION

문제 듣기

Chap03_05Q

You indicated that you go to coffee shops. Tell me about the cafés or coffee houses in your community.

당신은 커피숍에 간다고 했는데요. 동네 카페에 대해 말해주세요.

학생 답변

MP	❶ Cafés around my area… oh my, where do I begin?
	❷ Uh, there're so many cafés near my home.
	❸ OOO, OOO, OOO… but there's this one place that I like because this place is like my home.

(❸ 옆 주석) feeling / what / why

본론	❹ You know, there're so many cafés in Korea but they are usually all franchises.
	❺ What I like about this place is that it's not a franchise so there aren't many people.
	❻ So, it is cozy and I feel relaxed.
	❼ I mean, it's just so relaxing whenever I'm there.
	❽ That's why I love going there.

결론	❾ But you know what?
	❿ I already told you in my introduction but they usually play K-POP songs that I like.
	⓫ So, I really appreciate that.

❶ 우리 집 근처 카페… 어디부터 말해야 할까요? ❷ 음, 우리 집 근처에는 많은 카페가 있어요. ❸ OOO, OOO, OOO… 하지만 제가 좋아하는 한 곳이 있어요. 왜냐하면, 이곳은 마치 제집 같거든요. ❹ 알다시피, 한국에는 많은 카페가 있잖아요. 하지만 다 프랜차이즈예요. ❺ 제가 이곳을 좋아하는 이유는 프랜차이즈가 아니라서 사람들이 많이 없기 때문이에요. ❻ 그래서, 그곳은 아늑하고 저를 편안하게 해줘요. ❼ 그러니까 그곳을 갈 때마다 너무 편안하다는 거예요. ❽ 그래서 그곳에 가는 걸 좋아해요. ❾ 근데 있잖아요? ❿ 제가 이미 자기소개에서 말했지만, 이 카페에서 제가 좋아하는 케이팝 음악을 틀어줘요. ⓫ 그래서 너무 좋아요.

Useful Expressions

❶ Where do I begin? 어디서부터 시작해야 할까? | ❻ relaxed 편안한 | ⓫ appreciate 감사하다

❶ Cafés around my area… oh my, where do I begin?

답변의 첫 문장에서는 질문에 사용되었던 단어를 쓰고, 어디부터 말해야 하나 고민하는 모습을 보여주었다. 이렇게 답변을 시작하면 내가 지금 질문을 듣고 생각하는 중임을 어필할 수 있고, 자연스러운 느낌을 줄 수 있어 좋다.

❷ Uh, there're so many cafés near my home.

두 번째 문장에서는 cafés라고 하면서 복수형 질문에 맞게 대답했다. 그리고 there're이라고 there are를 줄여서 말했다. 그러면서 so many cafés '많은 카페들이 있다'고 말했는데, 많은 것을 나타내는 또 다른 표현은 다음과 같다.

- There're myriads of cafés… 무수히 많은 카페들
- There're tons of cafés… 다수의 카페들
- There're loads of cafés… 수많은 카페들

이 표현들은 so many보다 어휘 실력을 더 좋게 보여줄 수 있는 표현들이기 때문에 가능하다면 이 표현들로 바꿔서 말하는 것도 좋다.

❸ OOO, OOO, OOO… but there's this one place that I like because this place is like my home.

집 근처에 있는 여러 카페를 나열하면서 그 중 '내가 좋아하는 한 곳이 있다'며 'controlled singular 전략'을 사용했다. 이 전략은 MP에서 배웠던 'General → Singular Control 전략'과 동일하다. 이 전략을 사용하는 이유는 '나는 이 질문을 완전히 다 이해했지만, 시간이 없어서 한 가지에 관해서만 이야기를 할 것이다'라는 느낌을 주기 위해서다. 여기서 답변을 더 좋게 만드는 방법은 카페 이름을 말해주는 것이다. 예를 들어,

OOO, OOO, OOO… but there's this one place. **It's called, "Coffee Land."**
OOO, OOO, OOO… 하지만 여기 한 곳이 있어요. "커피 랜드"라는 곳입니다.

이렇게 실제로 내가 좋아하는 카페 이름을 말해주자. 카페 주제 외에도 호텔, 영화, 식당 등 내가 좋아하는 것에 대해 말하거나 그곳을 설명할 때도 이름을 말하면 좋다. 어떤 곳의 이름을 말할 때는 It's called 표현을 쓴다. That place's name is OOO. 이건 너무 어색한 표현이니 조심하도록 하자.

그리고 This place is like my home. 을 고급 수준의 문장으로 말하는 방법을 알려주겠다. make me feel '나에게 어떤 느낌을 준다'라는 표현을 사용하는 것이다. 이것은 좀 더 설명하는 느낌을 줄 수 있다.

This place **makes me feel** like I'm home.
이곳은 제가 집에 있는 것처럼 느끼게 해줘요.

묘사 질문에 답변할 때는 'like ~처럼' 표현을 사용해서 'simile 직유법'을 쓰면 답변을 더 풍부하게 만들 수 있다. 이 답변에서는 카페를 집에 비유했다. 이렇게 묘사 질문에 답변할 때 비유법을 사용하면 좋지만, 만약 시험장에서 비유할 만한 말이 생각나지 않는다면 쓰지 않아도 괜찮다. 그냥 늘 그랬듯이 MP만 말해도 된다. 예를 들면,

I love this place because it makes me feel so comfortable.
이 곳은 저를 편안하게 해줘서 너무 좋아요.

이 문장 하나로 아래 3가지 내용이 포함된 MP를 말할 수 있다.
- **What?** 카페
- **Feeling?** 좋아한다
- **Why?** 나를 너무 편안하게 해줘서

④ You know, there're so many cafés in Korea but they are usually all franchises.

⑤ What I like about this place is that it's not a franchise so there aren't many people.

왜 그 카페를 좋아하는지 이유를 설명하면서 '프랜차이즈가 아니라서 사람이 많이 없기 때문'이라고 했다. 답변에서 말한 표현도 좋지만, 더 높은 성적을 받을 수 있는 표현도 알려주겠다. 바로 overflowing '넘쳐 흐르는'이다. 이 표현을 이용하여 ⑤번 문장을 바꾸면, 다음과 같다.

What I like about this place is that it's not a franchise… so, **it's not overflowing** with too many customers.

overflowing을 사용한 다른 예문도 살펴보자.

- The cup was filled to the brim. It was completely **overflowing** (with coffee).
  컵이 가득 찼어요. 커피가 완전 흘러넘칩니다.
- The recycling bin was **overflowing** with plastic bottles.
  재활용 쓰레기통이 플라스틱병으로 넘칩니다.

⑥ So, it is cozy and I feel relaxed.

어떤 것에 관한 기분을 말할 때 대부분 '단어 and 단어' 형식으로 말하지만, 이 학생은 '분위기를 설명하는 문장 and 나의 감정 문장'으로 말했다. 이렇게 하면 나의 영어 실력을 더 돋보여 줄 수 있다.

⑦ I mean, it's just so relaxing whenever I'm there.

I mean은 이전에 말한 내용을 더 자세히 설명하거나 강조하기 위해 사용하는 표현이다. 주로 방금 말한 내용에 관해 추가 설명을 할 때 사용하면 된다. '그러니까', '내 말은'과 같은 의미를 갖는다.

그리고 So, I like to go there. 이라고 간단하게 말해도 되지만 좀 더 감정을 설명해 주기 위해 이렇게 말한 것이다. 대다수 학생들은 이유를 설명할 때 주로 so만 사용하는 경향이 있다. 이 방식도 효과적이지만, That's why를 함께 사용하면 더 자연스러운 어조로 들릴 수 있으므로 두 가지 표현을 번갈아 가며 사용하는 것이 좋다. ⑦번 문장에서 쓰인 so는 very의 의미로 쓰였기 때문에 헷갈리지 않도록 하자.

That's why I like to go there.

05 계속 IH만 받는 학생 단점 찾아보기

이 IH 학생이 AL을 받기 위해 개선해야 할 점은 어떤 것들이 있을까?

QUESTION

문제 듣기

Chap03_06Q

I would like to know where you live. Can you describe your home to me? What does it look like? How many rooms does it have? Give me a description with lots of details.

당신이 어디에 사는지 알고 싶습니다. 지금 살고 있는 집에 대해 설명해 줄 수 있나요? 어떻게 생겼나요? 방은 몇 개인가요? 자세히 설명해 주세요.

학생 답변

MP	❶ Um, alright, uh, I live in a tiny, little studio which is located in Seoul. ⟶ what
	❷ And I recently moved there.
	❸ And I love my home because it is really comfy. ⟶ why
본론	❹ But, you know, one thing I do not like about my studio is that, um, it's right next to the train station. ⟶ feeling ⟶ what
	❺ So, always, I can hear some train sound.
	❻ And it is really noisy.
	❼ But except that, I love my house.
결론	❽ I mean, I love my studio.

❶ 음, 네, 어, 알겠어요. 저는 서울에 있는 작은 원룸에 살아요. ❷ 최근에 거기로 이사했어요. ❸ 너무 편해서 우리 집이 정말 좋아요. ❹ 근데, 한 가지 안 좋은 점은 음, 기차역 바로 옆에 있다는 점이에요. ❺ 그래서 항상 기차 소리가 들려요. ❻ 진짜 시끄러워요. ❼ 하지만 그것만 빼면, 우리 집은 너무 좋아요. ❽ 그러니까, 제 원룸이 정말 좋아요.

이 학생의 가장 큰 약점은 멈추는 부분이 많다는 것과 한 가지 필러만 쓴다는 것이다. 오픽 시험에서 침묵은 독이다. 그렇다면 이런 침묵의 시간을 없애는 가장 좋은 방법은 무엇일까? 바로 advanced 필러를 쓰는 것이다. advanced 필러는 두 가지 이상의 필러(and so / and um / and um, you know / and um, so)를 함께 쓰는 것이다. 그중에서 가장 사용하기 좋은 것은 and um이다. 많은 외국인들도 다음 할 말을 생각하는 멈춤의 시간 동안 이런 필러를 많이 쓰니 꼭 연습해서 자연스럽게 말할 수 있도록 하자.

❶ Um, alright, uh, I live in a tiny, little studio which is located in Seoul.

Um, alright, uh 시작이 정말 자연스럽고 좋았다. AL이 목표라면 이렇게 advanced 필러를 사용하여 자연스럽게 시작하는 것이 중요하다. 연설이나 면접에서는 필러를 쓰는 게 좋지 않지만, 일반 대화에서는 써도 된다. 그러므로 오픽 답변에서는 advanced 필러를 많이 쓰도록 하자.

tiny, little이라는 표현도 아주 잘 사용하였다. 대부분의 IH 학생들은 I live in a tiny studio., I live in a little studio. 또는 I live in a small studio.라고 말할 것이다. tiny와 little을 혼합해서 사용하면 문법적으로도 완벽하고, 아주 자연스럽게 들린다.

또한 원룸을 의미하는 표현으로 studio를 잘 사용하였다. 이는 북미 사람들에게 아주 친숙한 단어로, 또 다르게는 bachelor's suite라고도 한다. 그렇다면, studio 단어를 모른다면 어떻게 말하면 좋을까? 그럴 경우에는 다음과 같이 본인이 알고 있는 어휘 내에서 풀어서 설명하면 된다.

I live in a small place. With no rooms.
저는 작은 곳에 살아요. 방이 없는.

그리고 마지막 부분에 which is located in Seoul이라고 했는데, 오픽 채점자들 모두가 서울이 어느 나라에 있는지 알고 있을 거라는 보장은 없다. 그러므로 서울은 한국에 있다는 점을 추가로 언급해 주는 것이 좋다.

I live in a tiny, little studio which is located in Seoul… you know, the capital city of South Korea. Anyway…
저는 서울에 있는 작은 원룸에 살아요. 한국의 수도인. 아무튼…

 꿀팁! Anyway 아무튼
어떤 것에 대해 추가 설명하고 anyway라고 말하면 답변의 흐름을 깨지 않으면서 자연스럽게 다음 이야기를 이어 말할 수 있다. 답변하는 도중에 무엇을 말할지 잊어버리거나 대화의 흐름을 전환하고 싶을 때 쓰면 좋다. 한국어로 말해야 할 때 특히, 한국어 식당 이름을 말할 때 이 표현을 쓰는 것을 추천한다.

• Oh, you know, the restaurant, uh… it was called, I think, 김밥천국… anyway…
  오, 그 식당… '김밥 천국'이라고 하는 것 같은데… 아무튼…

이렇게 말하고 다음 할 말을 이어 말하면 된다.

❷ And I recently moved there.

❸ And I love my home because it is really comfy.

앞에서도 언급했다시피 and, um 같은 advanced 필러를 쓰는 것이 정말 중요하다. 단, 여기서처럼 하나의 필러만 반복해서 쓰는 것은 좋지 않다. 따라서 여기서는 and와 um을 함께 사용하는 것을 추천한다.

I love my home because it is really comfy. 여기서 명확한 MP가 나왔다. 그래서 나는 이 학생이 '왜 이 집이 편안한지'에 대해 이어서 답변할 것을 예상했다. 하지만, MP와는 완전히 다른 방향으로 답변을 이어갔다. 이렇게 답변하면 채점자도 이 학생이 어떤 내용을 말하고 있는지 헷갈릴 수밖에 없고 영어 커뮤니케이션 실력이 낮다고 생각할 수밖에 없다. 그렇다면, 이 MP 다음에는 어떤 내용의 본론이 나오면 좋을지 예문을 들어주겠다.

Uh, even though it's such a small place… but it's just perfect for me.

I don't really need a big place.

I just need a nice, small place where I could calm down and simply relax.

And because it's so small, you know it's easy for me to… you know, have this place just always so clean.

Because whenever I vacuum, it takes me like… I don't know… a few minutes?

비록 작은 곳이지만… 저한테는 딱 완벽해요. / 큰 집은 필요 없습니다. / 전 그냥 조용히 편하게 쉴 수 있는 멋지고 작은 곳이 필요해요. / 그리고 집이 작기 때문에 항상 깨끗하게 유지하기 너무 쉬워요. / 청소기를 돌릴 때마다, 아마… 글쎄요 몇 분밖에 안 걸려요.

이런 식으로 MP에서 말했던 '이 작은 집이 왜 편하고 좋은지'에 관해 계속 설명해야 한다.

④ But, you know, one thing I do not like about my studio is that, um, it's right next to the train station.

⑤ So, always, I can hear some train sound.

⑥ And it is really noisy.

여기 ④번 문장은 '긍정/부정 전략'이다. 긍정/부정 전략이란 답변에서 99%는 좋은 점만 말하고 1% 안 좋은 점을 말하는 것이다. 이 전략은 정말 할 말이 없을 때 사용하는 전략으로 답변을 조금 더 길게 만들 수 있다. 반대로 99%는 안 좋은 점만 말하고 1% 좋은 점을 말하는 것도 좋다. 여기서 중요한 점은 다시 본래 내용, 즉 99%로 말했던 내용으로 돌아가야 한다는 것이다. 하지만 이 학생은 대부분(99%) 좋은 점에 대해 이야기하지 않고 좋은 점과 안 좋은 점을 각각 하나씩만(50%씩) 이야기한 후 결론으로 가는 실수를 했다. 짧은 답변도 물론 좋지만, 이렇게 알맹이가 빠진 답변은 좋지 않다.

그렇다면, 이제 긍정/부정 전략을 어떻게 사용하면 좋은지 알려주겠다.

❯ 긍정/부정 전략

① Oh, you know, it's so comfy, and you know, I like small homes actually.

② Because I don't need to clean that much.

③ And, you know, if I buy a lamp or whatever, it lights up the whole room, you know.

④ It's just so nice.

⑤ I like that.

⑥ You know, I feel so comfortable here, and it's just right for me.

⑦ You know, um, and I learned that I don't like big places.

(갑자기 할 말이 생각나지 않음) ➤ 이렇게 답변 도중 할 말이 생각나지 않을 때, 안 좋은 점을 간단히 1~2문장 정도로만 말한다.

⑧ But, you know, one thing I don't like about this home is that it's a little bit loud.

⑨ Because it's right next to the train tracks. ➤ 다시 좋은 점(본래 내용)으로 돌아와야 한다.

⑩ But other than that, everything about this home is just wonderful.

① 오, 우리 집은 아늑해요. 그리고 사실 전 작은 집을 좋아해요. ② 청소할 게 많이 없거든요. ③ 만약 램프 같은 걸 산다면, 그것만으로도 방 전체가 밝아질 거예요. ④ 너무 좋아요. ⑤ 마음에 들어요. ⑥ 여기 있으면 정말 편안하고 저한텐 딱이에요. ⑦ 그리고 제가 큰 집은 안 좋아한다는 걸 알았어요. ⑧ 하지만, 한 가지 이 집이 싫은 점은 약간 시끄럽다는 거예요. ⑨ 기찻길 바로 옆에 있거든요. ⑩ 하지만 그것 이외에는 이 집은 모든 게 다 멋었어요.

06 날씨 콤보, IH/AL 정말 차이가 뭐지? 아따 미치겠다≈!!

문제 듣기

Chap03_07Q

QUESTION

Tell me about the weather in your country. Are there different seasons? What is the weather like in each season?

당신 나라의 날씨에 대해 말해주세요. 다른 계절이 있나요? 각각 계절은 어떤가요?

학생 답변

MP	❶ Yeah, <u>guess what</u>?
	❷ There are 4 different, um, seasons, uh, in Korea like, spring, summer, fall, and winter.
	❸ Yeah, <u>you name it</u>.
	❹ And the features of each season are completely different, uh, in terms of the weather part.
	❺ But I'm not gonna mention all the details.
	❻ Because they are pretty, you know, pretty similar as the other countries which has four seasons as well.
	❼ Anyway, personally, I like spring the most. _feeling_ _what_ _why_
	❽ Because, um… not only it's warm weather… but also, I have many chances to, you know, see the various types of flowers everywhere, uh, which makes me feel, you know, so excited. _why_
본론	❾ And also, you know, relieve my, um, built-up stress from the work.
결론	❿ So overall, living in Korea is pretty good to, you know, you have many chances to discover all the different, you know, seasons.

❶ 그거 알아요? ❷ 한국에는 4계절이 있어요. 봄, 여름, 가을, 겨울. ❸ 등등이요. ❹ 그리고 각 계절들은 특징이 다 달라요. 날씨면에서. ❺ 근데 다 말하지는 않을게요. ❻ 왜냐하면 사계절이 있는 다른 나라들과 거의 비슷하거든요. ❼ 아무튼, 개인적으로 저는 봄을 가장 좋아해요. ❽ 날이 따뜻할 뿐만 아니라, 어디에서나 많은 종류의 꽃들을 볼 수 있기 때문이죠. 그리고 그것들을 보면 기분이 너무 좋아지고요. ❾ 직장에서 쌓인 스트레스가 사라지는 것 같아요. ❿ 그래서 전반적으로, 한국에 사는 것은 좋아요. 다양한 계절들을 경험할 수 있기 때문이죠.

Useful Expressions

❸ You name it. 등등. 그 밖에 무엇이든지(뒤에 예시가 계속 더 있을 때 사용) | ❹ in terms of ~에 관해 | ❽ various 다양한 | ❾ built-up stress from work 일에서 쌓인 스트레스

날씨 주제의 답변은 제발 이렇게 하지 말자!

❶ Yeah, guess what?

이 학생의 답변은 전반적으로 흐름이 너무 좋았다. 필러도 자연스럽게 잘 사용하였다. 하지만 advaned 필러는 충분히 쓰지 않았고 MP를 전부 말하기까지 40초 이상 걸렸다.

그리고 자연스럽게 말하려고 노력하는 모습은 너무 좋았으나, 여기서는 문맥상 guess what? 표현이 적절하지 않았다. Guess what?은 상대방에게 뜻밖의 이야기를 들려줄 때 사용하는 표현으로, 본인이 하려는 말을 상대방이 전혀 모를 것으로 예상할 때 쓸 수 있다. 하지만 여기서는 모두가 예상할 수 있는 4계절에 대해 설명할 것이므로 이 표현이 적절하지 않다. 그렇다면 이 답변에서 Guess what? 표현을 어떻게 사용하면 좋을까? 영상에서 뉘앙스의 차이를 잘 살펴보도록 하자.

> Guess what? You know, Korea actually has only 2 seasons.
> Winter and summer.
> The spring and fall… they're so short that we can pretty much say that there is no spring and fall.
>
> 있잖아요, 한국에는 사실 2가지 계절만 있습니다. / 겨울과 여름. / 봄과 가을은… 너무 짧아서 거의 없다고 말할 수 있을 정도예요.

❷ There are 4 different, um, seasons, uh, in Korea like, spring, summer, fall, and winter.

많은 학생들이 4계절에 대해 말할 때, 모두 같은 말을 한다. 질문에서 각각의 계절들이 어떤지 물었지만, 우리는 모든 계절에 대해 다 말할 필요가 없다. AL을 받으려면 MP를 20초 안에 말해야 하는데, 4계절을 모두 설명하는 데 시간을 소비하면 MP를 명확하고 간결하게 전달하는 것이 불가능하다.

> **X** You know, Korea has 4 different seasons: "spring, summer, fall, winter."
>
> **GOOD!** You know, Korea has 4 different seasons.

이렇게 간단히 말한 뒤, 내가 가장 좋아하는 계절에 대해서만 말하면 된다.

❸ Yeah, you name it.

아주 자연스러운 표현이지만, 이 문맥에서는 적절하지 않았다. You name it. 은 뒤에 계속 이어지는 리스트가 있을 때 사용할 수 있는 표현이다. 이렇게 봄, 여름, 가을, 겨울을 말하고 You name it. 이라고 말하면 4계절 이외에도 더 많은 계절이 있다는 뜻이 돼버린다. 그래서 여기서는 4개의 리스트(4계절)가 끝이기 때문에 You name it. 을 쓰면 어색하게 들린다. 그럼, You name it. 표현을 어떻게 사용하면 좋을지 알려주겠다.

> You know, I really love spring because of the weather.
> The blossoming flowers, the ability to go out more, you name it.
>
> 날씨 때문에 봄을 정말 좋아해요. / 꽃이 피고 더 많이 나가서 놀 수도 있고 그 밖에 무엇이든지요.

이렇게 사용하면 뒤에 리스트가 계속 있음을 확인시켜 줄 수 있다.

---

❹ And the features of each season are completely different, uh, in terms of the weather part.
❺ But I'm not gonna mention all the details.
❻ Because they are pretty, you know, pretty similar as the other countries which has four seasons as well.

이 학생은 계속해서 4계절을 설명하려고 노력하고 있으나, 이 부분은 그냥 건너뛰거나 결론에서 살짝 언급하는 것이 나았을 것이다. 말했듯이, 우리는 시간을 효율적으로 써야 한다. MP가 제일 중요하다는 것을 항상 기억하자. 특히 AL을 받기 위해서는 MP를 20초 내에 말하도록 연습하자.

⑦ Anyway, personally, I like spring the most.

⑧ Because, um… not only it's warm weather… but also, I have many chances to, you know, see the various types of flowers everywhere, uh, which makes me feel, you know, so excited.

⑨ And also, you know, relieve my, um, built-up stress from the work.

감정 단어(excited/relieve)를 아주 잘 사용하였다. 하지만 여전히 MP가 한 가지에 집중하지 않고 너무 포괄적이다. 일반 회화에서는 이렇게 말해도 좋다. 시간도 많고, 양방향 소통이 되기 때문이다. 하지만 오픽에서는 실제 소통 없이 혼자서 답변해야 하므로 시간 배분에 아주 유의해야 한다. 우리의 목표는 언제나 '한 가지만 말하기' 그리고 '그것에 대한 나의 감정(의견)을 표현하고 그 이유 말하기'임을 잊지 말자! 이 학생이 언급한 봄이 좋은 이유 두 가지(따뜻한 날씨, 꽃)를 각각 MP로 잡아 답변할 수 있다.

따뜻한 날씨를 MP로

You know, I really love spring because of its warm **weather**.

And since it's warm, the flowers start to blossom.

And I think that's just beautiful.

전 따뜻한 날씨 때문에 봄을 정말 좋아해요. / 그리고 날씨가 따뜻해서 꽃이 피기 시작하죠. / 그냥 아름다운 것 같아요.

이렇게 살짝 꽃에 대해 언급해 주고 이어서 계속 날씨와 관련된 이야기를 해야 한다.

꽃을 MP로

Personally, I love spring because of the beautiful **flowers**.

I love how the warm weather makes the flowers blossom.

In just the most beautiful way.

개인적으로, 아름다운 꽃 때문에 봄을 좋아합니다. / 따뜻한 날씨가 꽃을 피게 한다는 게 정말 좋아요. / 가장 아름다운 방식으로요.

⑩ So overall, living in Korea is pretty good to, you know, you have many chances to discover all the different, you know, seasons.

물론, 결론이 없는 것보다는 낫지만 이 학생의 결론은 MP와 크게 관련이 없는 너무 포괄적인 결론이었다. 그럼, 결론은 어떻게 말하면 좋을지 알려주겠다.

So overall, if you must come to Korea, come during the spring.

Or else, you're just simply wasting money.

(= Or else, you're just simply throwing money down the drain.)

그래서 전반적으로 만약 당신이 한국에 온다면, 봄에 오세요. / 아니면, 완전 돈 낭비하는 거예요.

습관

01 불가능! 하지만 오픽 habit 질문의 대답들이 입에서 술술 나오게 만들어 줄게요!

습관 카테고리 MP '이것'만 외우면 끝?

이번엔 습관 카테고리를 살펴보도록 하겠다. 오픽 질문의 4가지 카테고리 중 두 번째 카테고리다. 이것도 '묘사'와 마찬가지로 중급 수준의 카테고리이다. 따라서 아무리 답변을 잘해도 최대 IH까지 받을 수 있으니, 너무 많은 시간 투자는 추천하지 않는다. 권장 답변 시간은 1분 정도이다.

습관 카테고리에서 흥미로운 점은 유일하게 '일반적인(general) MP'가 필요하다는 것이다. 묘사 카테고리는 '내가 말하고자 하는 것(What)'과 '그것에 대해 어떻게 느끼는지(Feeling)', 그리고 '그 이유(Why)'를 모두 포함한 MP로 말해야 한다. 하지만 습관 카테고리 MP는 이 세 가지 모두를 포함시키지 않아도 된다. 그냥 포괄적이고 일반적인 MP를 말하면 된다. 그렇다면 여기서 말하는 '일반적인 MP'란 과연 무엇일까? 아주 전형적인 습관 카테고리 질문을 예로 들어 설명하겠다.

QUESTION

문제 듣기

Chap04_01Q

What do you usually do whenever you go to the bank?

당신은 은행에 갈 때마다 보통 무엇을 하시나요?

예시 답변

> No matter what, whenever I go to the bank, I always make sure to bring my AirPods.

저는 은행에 갈 때마다 무조건 에어팟을 가지고 갑니다.

습관 카테고리는 이렇게 일반적인 행동을 물어보는 것이므로 행동을 나타내는 동사를 넣어 '현재 시제'로 답변하는 것이 좋다. 그리고 여기 예문의 MP처럼 '내가 말하고자 하는 것 (What)'만 언급하고 '그것에 대해 어떻게 느끼는지(Feeling)'와 '그 이유(Why)'까지는 포함시키지 않아도 된다. 하지만 일반적인 MP라고 해서 감정과 이유를 아예 넣지 말아야 하는 것은 아니다. 상황에 따라 감정과 이유를 넣을 수 있다면 넣어도 좋다.

습관 카테고리 MP에 사용하기 좋은 표현

1. No matter what, whenever I ~, I always make sure to ~
2. Every time ~, I always check to see that/if I ~
3. I'll tell you what. ~

위의 배운 표현을 사용해서 습관 카테고리 MP를 만들어 보자.

1 **No matter what, whenever I** go to the beach, **I always make sure to** bring my sunscreen. ↳ 현재형
저는 해변에 갈 때, 무조건 선크림을 가지고 갑니다.

No matter what, whenever I'm home during the week, **I always make sure to** take out the recycling. ↳ 현재형
저는 평일에 집에 있을 때는, 무조건 재활용 쓰레기를 버립니다.

2 **Every time** I go to the bank, **I always check to see that/if I** have my AirPods with me. ↳ 현재형
저는 항상 은행에 갈 때면, 에어팟을 챙겼는지 확인합니다.
↳ 에어팟은 -s와 함께 쓴다는 것을 잊지 말자!

3 **I'll tell you what.** At the bank, I take out my AirPods.
있잖아요. 은행에서 저는 항상 에어팟을 꺼냅니다. ↳ 현재형

주의! 오픽 시험 질문 15개 중 5개를 습관 카테고리 질문으로 받은 상황에서 첫 번째 꿀표현인 No matter what, whenever I ~, I always make sure to bring ~. 구문을 5번 다 사용한다면 스크립트를 외운 것처럼 들릴 것이다. 따라서 이 세 가지 표현을 기억하고, 여러 개의 습관 카테고리 질문에 각각 다른 표현들을 사용해 보도록 하자.

MP 뒤에는 어떤 표현을 써야 할까?

지금까지는 습관 카테고리 질문에 답변할 때, MP를 어떻게 말하면 되는지 알아보았다. 방금 살펴본 습관 카테고리의 MP 예문들은 아주 일반적인 MP로, 내가 말하고자 하는 것에 대해 좋아하는지, 싫어하는지를 말하지 않았다. 그리고 그 이유도 물론 말하지 않았다. 다만 MP 로서 내가 앞으로 '에어팟, 선크림, 재활용품 버리기'에 대해 말할 것이라는 것은 분명하게 전달했다. 이렇게 MP를 명확하게 말해주고 난 뒤에는 어떤 표현을 써서 본론을 말하면 되는지 이번에도 세 가지 표현을 알려주겠다.

1. This is crucial because ~
2. This is very important because ~
3. I find this very important to me because ~

여기서 배운 표현을 사용해서 습관 카테고리 답변을 간단하게 만들어 보자.

1 ▶ I'll tell you what. At the bank, I take out my AirPods.
This is crucial because, you know,
whenever I'm at the bank, you know, the waiting time can be quite long.
있잖아요. 저는 은행에서 에어팟을 꺼냅니다. / 중요해요, 왜냐하면, / 은행에 갈 때마다, 대기 시간이 상당히 길 수 있거든요.

2 ▶ I'll tell you what. At the bank, I take out my AirPods.
This is very important because, you know,
whenever I'm at the bank, you know, the waiting time can be quite long.
있잖아요. 저는 은행에서 에어팟을 꺼냅니다. / 이건 정말 중요해요, 왜냐하면, / 은행에 갈 때마다, 대기 시간이 상당히 길 수 있거든요.

3 ▶ I'll tell you what. At the bank, I take out my AirPods.
I find this very important to me because, you know,
whenever I'm at the bank, you know, the waiting time can be quite long.
있잖아요. 저는 은행에서 에어팟을 꺼냅니다. / 저에겐 정말 중요해요, 왜냐하면, / 은행에 갈 때마다, 대기 시간이 상당히 길 수 있거든요.

이런 식으로 MP 뒤에 This is crucial because를 써서 내용을 이어 말하면 된다. 대신 꼭 명심해야 할 것은 이후에 말하는 내용을 어떻게든 에어팟과 연결해야 한다는 것이다. 이 부분은 앞에서 살펴본 오픽 대답 **규칙5** 한 가지 주제에 대해서만 말하기로 정말 중요한 부분이다. 이 규칙은 오픽 질문의 네 가지 카테고리들 모두에 해당하는 것으로 꼭 지켜서 대답을 할 수 있도록 하자.

답변의 길이가 너무 짧은데, 어떻게 늘릴 수 있죠?

- 빠른 비교 전략(Quick Comparison Strategy)

이렇게 '한 가지에 대해서만 말하기' 규칙을 지키다 보면, 답변이 짧아지기도 한다. 물론 짧은 게 나쁜 건 아니지만, 그래도 답변을 좀 더 길게 할 수 있는 꿀팁을 알려주겠다. 바로 '빠른 비교 전략'이다. 이 '빠른 비교 전략'은 아주 잠깐 과거에 대해 언급했다가 다시 내가 말하는 내용의 시점으로 돌아오는 전략으로 한 문장 또는 두 문장 정도로만 말하면 된다. 이 전략을 사용하면 답변의 길이도 길어질 뿐만 아니라 답변의 질도 훨씬 높아질 것이다.

예시 답변

General MP	❶ Well, here's the thing, whenever I go to the bank, I always make sure to bring my AirPods.
본론	❷ You know, this is very crucial because sometimes the waiting time is just so long.
	❸ And so, whenever I'm listening to music, it really helps me to kill time.
	빠른 비교 전략(Quick Comparison Strategy)
	❹ But you see, in the past, I never did that before. 과거
	❺ So, the waiting time was just so long.
	❻ But now, you know, that problem is completely solved. 현재
결론	❼ And that is why, you know, sometimes, whenever I go to the bank…
	❽ I sometimes want the waiting time to be longer… because I really enjoy my music.

❶ 있잖아요. 저는 은행에 갈 때마다 무조건 에어팟을 가지고 가요. ❷ 이건 정말 중요해요. 왜냐하면, 대기시간이 너무 길기 때문이에요. ❸ 음악을 들으면, 시간이 엄청 빨리 가요. ❹ 그런데 옛날에는 에어팟을 가지고 다니지 않았어요. ❺ 그래서 기다리는 시간이 엄청 길었어요. ❻ 하지만 지금은, 그 문제가 완전히 해결됐죠. ❼ 그래서 가끔은 은행에 갈 때마다… ❽ 기다리는 시간이 더 길었으면 좋겠어요. 음악을 더 듣고 싶거든요.

여기 예시 답변에서는 간단히 과거에 대해 언급하고, 바로 다시 현재로 돌아왔다. 이런 식으로 '빠른 비교 전략'을 사용하면 된다. 하지만, 너무 비중을 두고 길게 하면 오히려 내용이 복잡해질 수 있으므로 '빠르고 간단하게' 전략을 사용할 수 있도록 하자. 참고로 '빠른 비교 전략'은 습관 카테고리에서만 쓸 수 있는 전략이 아닌 묘사 카테고리에서도 사용할 수 있는 좋은 전략이다. 그렇기 때문에 답변이 짧다고 느껴질 때 사용해 보길 바란다.

 주의! '빠른 비교 전략'에 너무 신경 써서 길게 말하다 보면 답변이 과거 경험 카테고리가 되기 때문에 주의해야 한다.

02 영어 오픽 habit 질문들 게으른 사람들도 쉽게 배울 수 있는 신기한 방법

교통수단, 재활용, 예약 질문의 전략을 알아보자

이번에는 습관 카테고리 질문의 답을 어떤 구조로 하면 좋은지에 대해 중점적으로 살펴볼 것이다. 3개의 주제를 연달아 살펴보며 그 구조를 익히고 연습해서 나의 답변에 활용할 수 있도록 하는 것이 목표다. 여기서 주의할 점이 있다. 항상 말했지만, 오픽 시험은 스크립트를 준비하고 그것을 다 외워서 말하는 시험이 아니다. 그렇기 때문에 책에서 보여주는 예시 답안들을 스크립트처럼 생각하고 무조건 똑같이 외우는 건 좋지 않다. 이 예시 답변들을 참고하여 나만의 답변을 준비하는 것이 좋다. 책에 있는 예시 답변들은 전체 답변이 아니라 그 질문에 답변할 때 사용하기 좋은 전략을 알려주려는 의도이므로 사용된 전략과 답변 구조, 꿀표현들 위주로 공부하면 된다. 이제 습관 카테고리 전략을 다시 한번 살펴보고 교통수단, 재활용, 예약 질문에 어떻게 답변하면 좋을지 공부해 보자.

❯ 습관 카테고리 답변 전략

General MP	• What? 내가 말하고 싶은 내용 (한 가지) • Feeling? 그것에 대해 어떻게 느끼는지 혹은 의견 • Why? 왜 그렇게 느끼는지 이유를 설명 💬 습관 카테고리의 MP는 일반적인 MP로 What, Feeling, Why 이 3가지가 모두 포함되지 않아도 된다. 가능하다면 이 3가지를 모두 말해도 되지만, 불가능하다면 한두 가지만 말해도 좋다. 다만, 습관 카테고리 MP에서 제일 중요한 것은 '행동을 나타내는 단어'가 들어가야 한다는 것이다.
본론	MP에서 말했던 내용에 관해 부가적인 설명
결론	MP에서 말했던 내용을 1~2문장 정도로 간단하게 마무리

1. 교통수단

문제 듣기
Chap04_02Q

QUESTION

What means of transportation do you use to get around? Do you drive or take public transportation?

당신은 이동할 때, 어떤 교통수단을 이용하나요? 당신은 운전을 하나요, 아니면 대중교통을 이용하나요?

예시 답변

General MP

① No matter what, whenever I need to go somewhere, I always take the 'subway or bus'.

본론

② This is crucial.

③ It's quite rare for me to take other options.

④ I love 'how' I can read something while taking the public transit.

⑤ It's the only time I can actually read!

┌ 빠른 비교 전략(Quick Comparison Strategy)

⑥ It's interesting because I've never liked reading before.

⑦ I still don't, but I love how it helps me to kill time especially while I'm commuting.

① 무슨 일이 있어도 어디로 가야 할 때는, 항상 '지하철이나 버스'를 탑니다. ② 이건 정말 중요해요. ③ 제가 다른 교통수단을 이용하는 일은 드물어요. ④ 대중교통을 타는 동안 무언가를 읽을 수 있다는 게 너무 좋아요. ⑤ 이 시간은 제가 실질적으로 책을 읽는 유일한 시간이에요! ⑥ 전에는 독서를 싫어했기 때문에 완전 흥미로운 일이죠. ⑦ 여전히 독서는 싫어하지만, 특히 출퇴근 중에 시간을 보내는 데 도움이 된다는 점이 너무 좋아요.

Useful Expressions

① no matter what ~ 무슨 일이 있어도 | ② crucial 중요한 | ③ rare 드문 | ④ public transit 대중교통(public transportation과 같은 의미) | ⑦ commute 통근하다

❶ No matter what, whenever I need to go somewhere, **I always take the 'subway or bus'.**

No matter what, whenever…, I always… 앞에서 언급한 습관 카테고리 MP에 사용하면 좋은 표현을 사용해서 일반적인 MP를 말했다. 이 표현은 습관 카테고리 질문에 답변을 시작할 때 사용하면 좋은 표현이므로 다양한 주제에 활용할 수 있게 연습을 많이 해 놓으면 좋다. **참고** p.083

그리고 끝에는 subway or bus라고 했다. 내가 이용하는 교통수단을 말할 때, 딱 한 가지만 말하면 답변의 길이가 짧아지고, 그렇다고 3, 4개를 말하는 것도 답변이 너무 길어져서 복잡해질 수 있다. 오픽 시험에서는 내가 말하고자 하는 것을 채점자에게 깔끔하게 전달하는 것이 중요하다. 내가 문법이 정말 완벽하다면 여러 교통수단을 말해도 좋다. 하지만 대부분은 문법을 정확하고 완벽하게 지켜서 말할 수 없기 때문에 너무 적지도 많지도 않은 2개 정도를 선택해서 말하는 것을 추천한다. 혹시나 2개를 말하는 게 어렵다면 하나만 말해도 괜찮다. 너무 여러 개를 말해서 복잡해지는 것보다는 교통수단 한 개를 말하는 게 더 낫다.

❷ This is crucial.
❸ It's quite rare for me to take other options.

❷ This is crucial. 이 문장은 '중요하다'라는 뜻으로 첫 문장에서 '나는 항상 지하철이나 버스를 탄다'고 말을 한 뒤에 바로 그것에 대해 어떻게 생각하는지 자신의 느낌과 감정을 말하고 있다. 이렇게 내가 말하고자 하는 것에 대해 내가 어떻게 생각하고 느끼는지 말하는 게 중요하다는 것은 이미 앞에서부터 여러 차례 말했기 때문에 모두 잘 알고 있을 것이라 믿는다.

그리고 **❸**번 문장에서는 rare 단어를 써서 '보통은 그런 일이 드물다'라는 것을 컨셉트로 잡아서 뒤의 내용도 설명을 할 수 있다.

④ I love 'how' I can read something while taking the public transit.

⑤ It's the only time I can actually read!

④, **⑤** 문장은 앞의 두 문장과는 다르다. 앞의 문장은 습관 카테고리 질문에 답변하는 기본 구조를 따랐지만 이 두 문장은 기본 구조를 따르지 않은 프리스타일이다. 이 부분을 프리스타일로 하는 것은 매우 중요하다. 내가 지금 누군가의 스크립트를 따라서 외운 것이 아니라는 것을 보여줄 수 있기 때문이다. 그러니 이 부분은 프리스타일로 진짜 자신의 이야기를 하면 된다.

④ I love 'how'는 묘사 파트에서도 꿀표현이라고 추천했던 what I really love about과 의미가 똑같다. 그러니 둘 중 하나를 골라서 사용하면 된다. 이렇게 how를 말한다면 우리는 그 이유에 대해 설명해야 한다. 그래서 뒤에 바로 대중교통을 타는 것을 좋아하는 이유를 '책을 읽으면서 시간을 보낼 수 있다'는 것으로 설명하고 있다. 그리고 다시 한번 내가 왜 대중교통 타는 것을 좋아하는지 **⑤**번 문장을 말해줌으로써 확인시켜 주고 있다.

⑤번 문장에서 사용된 단어 actually '진짜로'는 문장을 말할 때 불편하다면 빼도 괜찮지만, 문장을 더 풍부하게 해주기 때문에 발음을 연습해서 빼지 않고 넣는 것을 추천한다.

---

⑥ It's interesting because I've never liked reading before.

⑦ I still don't, but I love how it helps me to kill time especially while I'm commuting.

'빠른 비교 전략'을 사용한 부분이다. '빠른 비교 전략'은 더 이상 할 말이 없는 상황에서 사용하면 답변의 길이를 늘려줄 뿐만 아니라 질을 더 높여준다. before 대신 in the past를 써도 좋다.

이렇게 짧게 과거에 대해 말한 다음에는 바로 현재로 돌아와서 이야기해야 한다. 여기서는 I still don't를 써서 현재를 말하고 있다. still은 '여전히, 아직도'라는 의미로 현재 시제가 내포되어 있다. 이렇게 두 문장만으로 아주 짧고 깔끔하게 '빠른 비교 전략'을 사용해서 답변을 마무리 지었다.

2. 재활용

⤷ 문제 듣기

Chap04_03Q

QUESTION

Recycling is a common practice. Tell me about all the different kinds of things that you recycle.

재활용은 일반적인 관행입니다. 당신이 재활용하는 모든 종류의 것들에 대해 말해주세요.

예시 답변

General MP	❶ Every time I need to recycle, I always check to see that all the cans and plastic bottles are crushed to save space.
본론	❷ This is very important. ❸ It's really rare for me to forget to check. ❹ I'm quite lazy so I hate having to recycle if I don't have to. ❺ I take out the recycling only when my bins are full to the max. ┌ 빠른 비교 전략(Quick Comparison Strategy) ❻ It's interesting because I had to recycle nearly every day before. ❼ But now, with my new method of crushing everything, I recycle every 2 weeks!

❶ 저는 재활용을 할 때마다, 공간을 절약하기 위해 항상 캔과 플라스틱병들을 찌그러트렸는지 확인합니다. ❷ 이게 진짜 중요해요. ❸ 이걸 확인하는 것을 잊는 일은 드물어요. ❹ 저는 너무 게을러서 굳이 할 필요가 없다면 재활용하는 걸 싫어합니다. ❺ 오직 쓰레기통이 가득 차 있을 때만 재활용을 해요. ❻ 재밌는 건, 예전에는 거의 매일 재활용을 해야만 했어요. ❼ 그러나, 이 새로운 다 찌그러트리는 방법 덕분에 2주마다 재활용을 합니다!

Useful Expressions

❶ crush 찌그러트리다 | ❶ save space 공간을 절약하다 | ❺ only when ~할 때만 | ❺ full to the max 가득 찬 | ❼ method 방법

① Every time I need to recycle, I always check to see that all the cans and plastic bottles are crushed to save space.

check와 같은 행동 단어로 General MP를 만들었다. 그리고 교통수단 주제에서 말했던 것과 같이 I always 로 시작했다. 하지만 그 앞의 표현은 No matter what이라고 하지 않고, Every time I를 썼다. 물론 여기 서도 No matter what을 써도 되지만 좀 더 다양한 표현을 알려주기 위해 다른 표현을 썼다. 이렇게 다양 한 표현들을 숙지하고 활용하면 매번 답변을 시작할 때 똑같은 말을 쓰지 않고 다르게 말할 수 있어 신선 하게 들린다.

② This is very important.
③ It's really rare for me to forget to check.

여기서도 아까의 교통수단 주제와는 다르게 This is very important. 라고 했다. 15개의 질문에 답변할 때 매번 다르게 들리고, 스크립트처럼 들리지 않기 위해서 이런 다양한 표현들을 알아 두면 좋다.

④ I'm quite lazy so I hate having to recycle if I don't have to.
⑤ I take out the recycling only when my bins are full to the max.

이 부분도 교통수단 주제에서 **④**, **⑤**번 문장과 똑같이 앞 문장처럼 기본 구조를 따르지 않고 프리스타일로 말하는 부분이다. 여기서 recycle과 recycling을 헷갈려 하는 사람들이 있을 수 있다. recycle은 I recycle. '나는 재활용한다.' 이렇게 간단한 문장으로 사용한다. recycling은 I take out the recycling. '나는 재활용 한다.'로 둘의 의미는 똑같지만, 두 번째 문장은 재활용품을 밖으로 가져간다는 구체적인 행동을 나타낸다.

⑥ It's interesting because I had to recycle nearly every day before.
⑦ But now, with my new method of crushing everything, I recycle every 2 weeks!

여기도 마찬가지로 '빠른 비교 전략'을 사용했다. before를 써서 자연스럽게 과거에 대해 말하고 바로 But now를 써서 현재로 돌아와서 이야기했다.

3. 예약

문제 듣기

Chap04_04Q

QUESTION

What kinds of appointments do you make in your life? Where do you go to make your appointments?

당신은 인생에서 어떤 종류의 예약을 하나요? 예약을 하러 어디로 가나요?

예시 답변

General MP	❶ I'll tell you what, I always make a hair appointment pretty much every month.
본론	❷ I find this very important. ❸ It's very rare for me to skip a haircut. ❹ Of course, I make other appointments as well in my life, but this one is the most important to me. ❺ My hair has a mind of its own, so I need it to be well-maintained! ┌ 빠른 비교 전략(Quick Comparison Strategy) ├ ❻ It's interesting because I never cared about my hair before. └ ❼ But these days, I feel (that) my hair gives me confidence.

❶ 있잖아요. 저는 항상 매달 미용실 예약을 해요. ❷ 저는 이게 매우 중요하다고 생각합니다. ❸ 머리 자르는 걸 넘기는 일은 거의 없어요. ❹ 물론, 살면서 다른 예약도 하죠. 하지만 저에게는 이게 제일 중요합니다. ❺ 제 머리가 제 말을 잘 안 들어요. 그래서 잘 관리를 해야 해요. ❻ 흥미로운 건 전에는 전혀 신경 쓰지 않았다는 거예요. ❼ 하지만, 요즘에는 제 머리가 자신감을 주는 것 같아요.

Useful Expressions

❶ I'll tell you what 있잖아요 | ❶ pretty much 거의 | ❸ skip 건너뛰다 | ❺ well-maintained 관리가 잘 된 |
❻ care about ～에 신경 쓰다 | ❼ confidence 자신감

① I'll tell you what, I always make a hair appointment pretty much every month.

교통수단, 재활용 주제에서 썼던 표현들과 다른 새로운 표현을 썼다. I'll tell you what도 no matter what, every time I와 마찬가지로 의미는 비슷하다. 이렇게 비슷한 의미도 각각 다르게 표현할 수 있다는 것을 염두에 두고 답변할 때 매번 새로운 느낌을 줄 수 있도록 하자.

② I find this very important.
③ It's very rare for me to skip a haircut.

여기서도 ②, ③문장에서는 내가 MP에서 말한 것을 중요하게 생각한다는 것을 말한다. 다만, 이번에도 같은 내용을 다르게 표현할 수 있도록 다른 문장을 사용했다. 이전과는 다른 표현인 I find this very important. 라고 말함으로써 신선한 느낌을 주고, 스크립트를 외워서 대답하지 않는다는 느낌을 줄 수 있다. 그리고 여기서도 rare를 써서 평소에 이렇지 않다는 컨셉으로 설명을 하고 있다.

④ Of course, I make other appointments as well in my life, but this one is the most important to me.
⑤ My hair has a mind of its own, so I need it to be well-maintained!

④, ⑤문장은 앞에서 말한 내용을 기반으로 프리스타일로 하면 된다. 여기서 추가로 설명하고 싶은 것은 a mind of its own이다. 이 표현은 조금 어려울 수도 있다. 설명하자면, '내 머리카락이 뇌가 있어서 자기 마음대로 한다' 즉, '나는 내 머리를 이렇게 하고 싶은데 머리카락이 내 말을 듣지 않는다'라는 느낌을 나타내는 표현이다. 이 표현을 사용하면 좋겠지만 연습해도 입에 잘 붙지 않고, 입 밖으로 잘 나오지 않는다면 그냥 쉬운 단어를 써서 말해도 좋다. 예를 들어서, 이런 식으로 내가 쓰기 편하고 쉬운 단어를 사용하는 것이다.

My hair is always **messy**.
내 머리는 항상 지저분하다.

⑥ It's interesting because I never cared about my hair before.
⑦ But these days, I feel (that) my hair gives me confidence.

마지막 ⑥, ⑦문장 역시 다른 예시 답변들과 동일하게 before와 but these days를 사용해서 '빠른 비교 전략'을 사용했다.

03 영국 여자와 함께 재활용 문제 겁나 쉽게 대답하기!

 오픽 시험에서 중요한 건?

이번에는 실제 외국인의 답변을 바탕으로 습관 카테고리의 재활용 주제 질문에 어떻게 답하면 좋은지 알아보겠다. 외국인은 이미 영어를 유창하게 구사하기 때문에 나의 전략을 사용할 필요가 없다. 따라서 모든 외국인의 답변은 우리가 오픽 답변으로 사용할 수 있는 좋은 표현이나 문장을 중점적으로 공부하는 것이 좋다.

 QUESTION

문제 듣기

Chap04_05Q

I like to know about how recycling is practiced in your country. What do people specifically do? Tell me how things are recycled.

당신의 나라에서 재활용이 어떻게 실행되는지 알고 싶습니다. 사람들은 구체적으로 무엇을 하나요? 어떻게 재활용이 되는지 말해주세요.

 외국인 답변

① Oh, my Lord!
② Well, I live in a very small apartment building.
③ Um, so not like one of the big, uh, apartment villages.
④ There's not too much… there's not too much recycling going on.
⑤ Um, what I mostly see in my area are clear plastic bags or… that… those green netting bags.
⑥ And it's just a mixture of tins, glass, plastic, paper… actually, I don't see paper at all.
⑦ But mostly just, um, plastic and glass in these clear bags put out with the rubbish.
⑧ So, my understanding of it is that the garbage guys… can't… have to be able to recognize that it's recycling as opposed to normal trash.
⑨ Um, my experience, overall, hasn't been terribly clear.
⑩ But I'm also aware that it's quite different in the larger apartment blocks or villages.

 CHAPTER 04 답변

① 오, 주여! ② 글쎄요, 저는 아주 작은 아파트에 살고 있어요. ③ 큰 아파트 단지와는 달라요. ④ 너무 많지 않아요. 재활용품이 너무 많지 않습니다. ⑤ 음, 저의 동네에서 주로 보는 것은 투명한 비닐봉지나… 단지… 그 녹색 그물로 된 가방이예요. ⑥ 그냥 깡통, 유리, 플라스틱, 종이의 혼합물일 뿐이에요… 사실 종이는 전혀 보이지 않아요. ⑦ 하지만 대부분은 쓰레기와 함께 내놓은 투명한 봉투에 들어 있는 플라스틱과 유리뿐이에요. ⑧ 그래서 제가 알기론 쓰레기 관계자들은… 그것이 일반 쓰레기가 아닌 재활용이라는 것을 인식할 수 있어야 한다는 거예요. ⑨ 음, 제 경험은 전반적으로 그렇게 명확하지 않아요. ⑩ 하지만 큰 아파트 단지나 마을에서는 상당히 다르다고 알고 있습니다.

Useful Expressions *apartment complex와 비슷한 표현*
③ apartment village 아파트 단지 | ⑤ what I mostly see 내가 주로 보는 것 | ⑤ plastic bag 비닐봉지 | ⑤ netting bag 그물로 된 가방 | ⑥ mixture of ～의 혼합물 | ⑧ as opposed to ～이 아니라

❶ Oh, my Lord!

질문을 듣고 처음으로 한 말이다. 이 표현은 답변이 굉장히 자연스러워 보일 수 있도록 해준다. 늘 말했지만 오픽 시험에서는 로봇같이 딱딱한 모습이 아닌 사람 같은 자연스러운 모습으로 답변을 해야 한다. 그러기 위해서는 이렇게 자연스러워 보일 수 있는 표현들을 많이 알아두고 사용해야 한다. 지금 쓰인 Oh, my Lord! 는 영국식 표현인데 캐나다나 미국식으로는 Oh, my god! 이라고 해도 괜찮다. 이 표현들은 질문을 듣고 혼란스럽거나 어이없을 때 쓰면 좋다.

---

❷ Well, I live in a very small apartment building.
❸ Um, so not like one of the big, uh, apartment villages.
❹ There's not too much… there's not too much recycling going on.

지금 이 외국인은 자신은 재활용을 많이 하지 않는다고 솔직히 말했다. 하지만 외국인은 영어에 능숙하기 때문에 어떻게 답변해도 상관없지만, 우리는 '아무것도 모른다', '재활용을 많이 하지 않는다' 등 너무 솔직하게 말하면 답변을 이어가기 힘들 것이다. MP 파트, 규칙 7에서도 말했던 것처럼 어떤 내용을 말해야 할지 모르겠다면 그냥 스킵하는 것을 추천한다. [참고] p.042

❹번은 굉장히 자연스러운 문장으로 재활용 주제에서 많이 활용하기 좋으므로 잘 기억해 두자. too much와 too many를 각각 어느 때 사용해야 하는지 헷갈려 하는 사람들이 많다. 오픽 시험에서는 셀 수 있는 명사와 셀 수 없는 명사를 구분하는 게 중요하기 때문에 이런 부분에서 실수하지 않도록 주의하자. 실수하지 않기 위한 좋은 방법이 하나 있다. 바로 too much와 too many를 a lot of로 바꾸는 것이다. 그러면 항상 올바른 문법의 문장이 될 것이다.

There's not **a lot of** recycling going on.

여기서 한 가지 꿀팁을 더 알려주겠다. 이 외국인은 **❹**번 문장을 말하면서 There's not too much를 반복해서 말했다. 그런데 여기서 좋았던 점은 첫 번째 There's not too much는 천천히 말하고, 두 번째 There's not too much가 포함된 문장은 빠르게 말한 점이다. 처음엔 천천히 말하면서 생각하는 모습을 보여주고 뒤에 한번 더 같은 부분을 말할 때는 빠르게 말하면 훨씬 자연스럽게 들린다.

❺ Um, what I mostly see in my area are clear plastic bags or... that... those green netting bags.

여기서는 감정을 나타내는 아주 고급 표현이 쓰였다. 바로 what I mostly see이다. 이 표현은 특정 지역이나 환경에서 자주 관찰되는 상황을 나타내는 표현으로 '내 주변에서 주로 볼 수 있는 것'의 의미로 해석될 수 있다. 대부분의 학생들은 there's this, there's that이라고 하는데 이 표현 대신 더 좋은, 고급 표현인 what I mostly see를 쓸 수 있도록 하자.

그리고 netting bags를 말했는데 이를 대체할 수 있는 표현을 알려주겠다. 모두 재활용 주제에 쓰면 좋은 표현이니 기억해 놓자.

- poly mesh bags
- net bags
- poly mesh netting bags

❻ And it's just a mixture of tins, glass, plastic, paper... actually, I don't see paper at all.

이 문장에서도 재활용 주제에 사용하기 좋은 표현이 있다. It's a mixture of ~ 이다. 이 표현은 다양한 것들이 혼합되어 있는 상황을 나타낸다. It's a mixture of 대신 쓸 수 있는 표현도 알려주겠다.

- It's a mix of
- It's a blend of
- It's a combination of

그리고 just는 아주 사소한 단어처럼 보이지만 AL 등급을 받을 수 있도록 해주는 단어이다. 이런 단어들을 사용하는지 안 하는지가 생각보다 큰 차이를 만든다. 문장의 길이를 늘려줄 수도 있고, 문장을 좀 더 자연스럽게 들릴 수 있게 해준다. 그리고 여기서도 actually, I don't see paper at all. 이라고 하면서 솔직하게 자신의 이야기를 했다.

❼ But mostly just, um, plastic and glass in these clear bags put out with the rubbish.

rubbish는 trash와 같은 의미다. 만약 영국식 영어를 하고 싶다면 rubbish를 쓰고, 북미식 영어를 하고 싶다면 trash 혹은 garbage를 쓰는 것을 추천한다.

❽ So, my understanding of it is that the garbage guys… can't… have to be able to recognize that it's recycling as opposed to normal trash.

아주 좋은 꿀표현을 사용했다. 바로 my understanding of이다. 이 표현은 '내가 이해한 바에 따르면' 혹은 '내가 알기로는'의 의미이다. 이건 개인적인 이해나 해석을 나타내는 표현으로 어떤 사실이나 개념에 대한 개인적인 이해를 설명하는 데 사용할 수 있다.

여기서는 재활용품을 분리하고 버리는 직업을 가진 사람을 garbage guys라고 했다. 엄밀하게 말하면 이 표현은 공식적으로 그들을 지칭하는 표현은 아니지만 아주 자연스러운 표현이었다. 뭐 얼마든지 garbage collectors나 trash collectors라고 표현할 수 있겠지만 그냥 자신이 아는, 생각나는 표현으로 자연스럽게 말해서 좋았다. 그리고 더 좋았던 점은 뒷부분에 garbage guys가 어떤 일을 하는지 설명을 추가했다는 것이다. 이렇게 정확한 표현이 생각나지 않는다면, 자신이 아는 단어로 이야기하고 이어서 추가 설명을 해주면 된다. 그리고 이렇게 추가 설명을 할 때 뭔가 부자연스럽다고 생각이 든다면 필러를 넣어서 말하면 좋다. 우리가 앞에서 배웠던 you know나 um을 넣어서 말하는 연습을 해보자.

❾ Um, my experience, overall, hasn't been terribly clear.
❿ But I'm also aware that it's quite different in the larger apartment blocks or villages.

드디어 결론 부분이다. 오픽 시험에서는 결론을 잘 마무리 짓는 것도 중요하다. 여기서는 overall을 사용해서 결론을 짓고 있다. 그런데 여기서 더 좋았던 점은 그냥 overall을 문장 맨 처음 말한 게 아니라 my experience, overall이라고 중간에 말한 것이다. 문장에서 강조하고자 하는 내용이나 정보는 일반적으로 문장의 처음이나 끝에 위치하는 것보다는 중간에 넣어주면 더 자연스럽게 느껴진다. 이렇게 문장의 중간에 넣어서 말하면 채점자도 문장의 주요 내용에 집중하면서 답변을 들을 수 있다. 여러분도 결론을 말할 때 이렇게 말한다면 훨씬 더 좋은 점수를 받을 수 있다. 그리고 결론 부분에서도 '난 재활용에 대해 많이 알고 있지는 않지만 이러한 점은 알고 있다.'고 아주 솔직하고 깔끔하고 자연스럽게 말하고 있다.

MEMO

과거 경험

01 오픽 영어 공부할 시간이 없다면, 이 과거 경험 영상 하나만 보세요!

 바쁘다 바빠 현대사회, 오픽 공부할 시간이 없을 때는?

지금까지 묘사, 습관 카테고리를 살펴보았다. 이어서 살펴볼 카테고리는 과거 경험 카테고리다. 오픽 시험에서 나오는 4가지 카테고리 중 가장 중요한 유형이라고 할 수 있다. 과거 경험은 고급 수준의 질문으로 이 질문에 잘 답변한다면 높은 점수를 받을 확률이 올라간다. 권장 답변 시간은 1분 30초 정도이다. 과거 경험 카테고리의 MP도 묘사 카테고리의 MP처럼,

> **What?** 내가 말하고자 하는 것
> **Feeling?** 그것에 관해 어떻게 느끼는지
> **Why?** 그 이유

이 3가지가 꼭 있어야 한다. 그리고 중요한 것은 MP에는 경험의 클라이맥스를 말해야 한다는 것이다.

문법의 중요성

오픽 시험을 볼 때, '문법을 정확히 지켜서 말하면 좋지만 그렇게 중요한 것은 아니다'라고 했었다. 하지만 요즘은 채점자가 까다로워졌기 때문에 틀리지 않도록 유의해야 하는 문법도 있다. 바로 대명사, -s 문법, 그리고 과거 시제이다.

- 대명사: 특정한 사물이나 사람 등을 대신 가리키는 단어로 he, she, they 등이 있다. 여기서 주의할 것은 남자 이야기를 하고 있는데 she라고 말하면 안 된다는 것이다.

- -s 문법: -s 문법이란 셀 수 있는 것과 없는 것, 그리고 단수와 복수를 구별하는 문법을 의미한다. 이건 내가 만든 단어다. 많은 학생은 일반적인 것에 관해 이야기할 때 I like cookie. 라고 한다. 하지만 이 경우에는 I like cookies. 라고 해야 한다. 따라서 셀 수 있는 것과 셀 수 없는 것을 잘 구별해서 말하는 연습을 많이 해야 한다.

- 과거 시제: 지금 공부하고 있는 과거 경험 카테고리에서 가장 중요한 것이다. 과거 경험에 관해 이야기하고 있는데 현재 시제를 쓰는 실수를 절대로 해서는 안 된다.

이런 문법을 틀리면 자신의 원래 실력보다 더 낮은 실력으로 평가될 수 있다는 것을 기억하고 많은 연습을 하자.

만약, 오픽 공부할 시간이 부족하다면?

다른 카테고리들은 잠시 미뤄두고 과거 경험 카테고리를 먼저 집중해서 연습하는 것이 좋다. 절대 과거 경험 카테고리만 공부하라는 의미는 아니다. 시간이 부족할 때 '먼저' 공부하라는 뜻이다. 그리고 대부분의 학생은 오픽 질문을 연습할 때 그냥 콤보 세트에 나온 질문만 연습하고 넘긴다. 하지만 여기서 나의 영어 실력을 좀 더 키우고 싶다면 그 질문을 한 번만 연습하고 넘기지 말고 과거 경험 질문으로 살짝 바꿔서 답변하는 연습을 추가로 하면 좋다. 예를 들어, 묘사, 습관, 비교 카테고리 질문으로 구성된 하나의 콤보 세트가 있다고 하자.

과거 경험 카테고리 연습 방법

Combo Set 1 – Pub

1. 좋아하는 펍에 대해 설명해 주세요. 묘사
2. 보통 펍에서 무엇을 하나요? 습관
3. 과거의 펍과 현재의 펍의 차이점과 유사점을 말해주세요. 비교

위의 질문을 과거 경험 질문으로 바꿔서 다시 연습하자!

1. 좋아하는 펍에 대해 설명해 주세요. 묘사
   → 과거에 가장 좋아했던 펍은 무엇인가요? 과거 경험
2. 보통 펍에서 무엇을 하나요? 습관
   → 최근 펍에서 있었던 일에 대해 말해주세요. 과거 경험
3. 과거의 펍과 현재의 펍의 차이점과 유사점을 말해주세요. 비교
   → 과거의 펍은 어땠나요? 과거 경험

이런 식으로 모든 질문을 과거 경험 카테고리 질문으로도 바꿔서 연습하면 오픽 실력뿐만 아니라 영어로 의사소통하는 실력도 훨씬 향상될 수 있다. 의사소통의 대부분은 나의 이야기를 하는 것으로 이루어져 있으며 이러한 이야기는 대부분 과거의 경험을 이야기하는 것이다. 때문에 과거 경험을 말하는 연습을 자주, 많이 하면 자연스럽게 의사소통 실력도 향상될 수밖에 없다.

그리고 하나 더. 문법을 원래 본인의 실력보다 잘하는 것처럼 보이게 할 수 있다. 앞에서 과거 문법을 제대로 쓰지 못하면 원래 본인의 실력보다 낮게 보일 수 있다고 했다. 반대로 과거 문법을 잘 쓴다면 원래 본인의 실력보다 잘하는 것처럼 보일 수 있다. 이런 이유에서도 과거 문법은 중요하다. 때문에 많은 연습을 통해 아주 자연스럽게 과거 문법을 잘 구사할 수 있도록 해야 한다. '잊지 말고 과거 시제로 말해야지.'라고 생각하면서 말하는 게 아닌 정말 많이 연습해서 그냥 자연스럽게, 자동으로 과거 문법을 사용할 수 있도록 말이다.

과거 경험 카테고리 답변을 업그레이드해 주는 전략?

- 직접 화법 전략(Direct Quotation Strategy)

IM 등급이거나 IH를 원한다면?
→ **직접 화법 사용**
AL을 원한다면?
→ **직접 화법 & 간접 화법 섞어서 사용**

> 영상에서는 간접 화법도 공부하라고 했지만, 생각보다 많은 학생들이 어려워하고 잘 사용하지 못하기 때문에 간접 화법은 빼도 좋다. 하지만 간접 화법을 공부하고 싶은 학생들을 위해 '과거 경험 챕터' 마지막 부분에 설명을 하겠다.

그렇다면 직접 화법이란 무엇이고 언제, 어떻게 사용하는지 알려주겠다. 직접 화법이란 다른 사람의 말을 인용하는 것이다. 즉, 원래의 문장이나 단어를 그대로 사용하여 다른 사람에게 전달하는 것을 의미한다.

직접 화법 전략(Direct Quotation Strategy)

나는 처음으로 **공원에 갔었다.**
그리고 꽃을 보고 "오 마이 갓, 꽃이 엄청 예쁘다!"라고 **말했다.**

'공원에 갔었다. 말했다.'는 과거 시제로 말해야 하지만 직접 화법 부분인 "오 마이 갓, 꽃이 엄청 예쁘다!"는 현재 시제로 말해야 한다. 아무 때나 과거 시제와 현재 시제를 섞어서 말하면 시제를 제대로 말할 줄 모른다는 느낌을 줄 수 있지만 이렇게 직접 화법을 쓰면 과거 시제도 잘 쓰고 현재 시제도 잘 사용하는 느낌을 주기 때문에 더 높은 문법 실력을 보여줄 수 있다. 이렇게 직접 화법 전략을 사용하면 Ava와 대화하는 모습을 보여줄 수 있고, 그 자리에서 생각을 떠올려서 말하고 있다는 느낌을 줄 수 있다. 그러나 여기서 주의할 점이 있다. 직접 화법을 쓸 때는 과거 시제와 현재 시제를 틀리면 안 된다는 것이다. 여기서 시제를 틀리면 영어 실력이 낮아 보일 수 있고 마이너스가 될 수 있다. 그러니 직접 화법을 사용할 때는 시제에 유의하여 사용하도록 하자.

직접 화법 전략(Direct Quotation Strategy) 사용하는 방법

이제 직접 화법을 영어로 어떻게 사용하면 좋을지 알려주겠다.

You know, I went to this park for the first time, and **I was like**,
"OMG! The flowers are just so beautiful here!"
이 공원에 처음으로 갔을 때, 이렇게 말했어요. "오 마이 갓! 꽃이 너무 예쁘잖아!"

내가 공원에서 어떤 말을 했는지 직접 화법을 써서 알려주기 전에 I was like라는 표현을 썼다. 이렇게 I was like라고 말한 후, 직접 화법으로 말하고 싶은 내용을 넣으면 된다. I said도 틀린 표현은 아니지만, I said는 형식적인 표현으로 문서 작성이나 공식적인 대화에서 사용하기 좋은 표현이다. 학생들이 문법적으로 틀리게 말하는 경우가 많기 때문에 안전한, 틀릴 일이 없는 표현인 I was like를 추천한다.

She said to me, "Wow."
→ **She was like, "Wow."**

대부분의 학생들은 said를 이렇게 말할 것이다. 이건 문법적으로 틀린 건 아니지만 외국인이 듣기에는 너무 어색하다고 생각할 것이다. said를 말하고 싶다면 다음과 같이 말하면 된다.

- She said "wow" so many times.
- She couldn't stop saying "wow."

Step 1 과거 경험 카테고리를 연습할 때 IM 학생들은 '나'에 대해 집중해서 연습해 보자. 나의 이야기를 하면서 내가 어떻게 느꼈고 어떤 생각을 했는지 집중해서 말을 하는 것이다.

I was like "_____"

Step 2 '나의 이야기'를 하는 것을 마스터한 뒤에는 '나와 다른 사람'을 함께 이야기하면 된다. 이렇게 다른 사람을 함께 이야기하면 나의 대답이 훨씬 자연스럽게 들릴 수 있다. 다른 사람이 한 말을 직접 화법을 사용해서 말할 때는 주어를 바꿔 주면 된다.

She was like, "The flowers are beautiful!"

Step 3 그리고 좀 더 꿀팁을 알려주자면 직접 화법을 사용할 때 조금 어색하게 들리는 것 같다는 생각이 들 때는 '이름'을 넣으면 좋다. 훨씬 부드럽고 자연스럽게 들릴 수 있다.

She was like, "**Sam**, the flowers are beautiful!"

02 직접 화법 사용하면 오픽 AL은 내꼬얌!

 이제 직접 화법을 사용한 MP 답변을 살펴보자

과거 경험 카테고리 질문의 답변 전략은 다음과 같다.

MP	• What? 내가 말하고 싶은 내용 (한 가지) • Feeling? 그것에 대해 어떻게 느끼는지 혹은 의견 • Why? 왜 그렇게 느끼는지 이유를 설명 이야기의 클라이맥스를 말하기
본론	MP에서 말했던 이야기를 설명하기 – 직접 화법 전략(Direct Quotation Strategy) 사용하기
결론	MP에서 말했던 내용을 1~2문장 정도로 간단하게 마무리

과거 경험 카테고리에서 쓰면 좋은 꿀전략은 바로 '직접 화법 전략'이다. '직접 화법 전략'을 어떻게 사용하면 되는지 나의 프리스타일 답변을 보며 알아보자. 이 예시 답변은 직접 화법을 알려주기 위해 만든 답변으로 완벽한 전략의 답변은 아니다. 때문에 직접 화법을 어떻게 쓰는지 중점적으로 보길 바란다.

QUESTION

Tell me what recycling was like when you were a child. Was there a particular place to which you took out the recyclables? Describe what it was like and what you did in detail.

어렸을 때 재활용 시스템이 어땠는지 말해주세요. 재활용 쓰레기를 버리는 특정한 장소가 있었나요? 그곳이 어땠는지, 당신은 무엇을 했는지 자세히 설명해 주세요.

예시 답변

MP	❶ Recycling… OK, that's pretty interesting. ❷ When I was a child, I would have to say that recycling was quite organized. → why ⎿ what ❸ At least in my home, anyway. ❹ And I loved that. → feeling
본론	❺ Now that I think more about it, I remember specifically my mother giving me the low-down on how to recycle. 직접 화법 전략(Direct Quotation Strategy) ❻ She was like, "Sam, make sure to separate everything!" ❼ And then… not before long, it became my full responsibility. ❽ It was a little bit annoying at times, but I had no choice. ❾ Anyway, I learned to separate the cans, paper, glass, and plastics and put them in their rightful bins.

❶ 재활용… 음, 꽤 흥미롭네요. ❷ 제가 어릴 때, 재활용 시스템은 꽤 정돈되어 있었다고 말할 수 있겠네요. ❸ 적어도 저희 집에서는요. ❹ 저는 그게 너무 좋았어요. ❺ 지금 와서 더 생각해 보니 저희 어머니가 재활용 쓰레기를 어떻게 버리는지 알려주셨던 기억이 분명하게 나요. ❻ 어머니는 이렇게 말하셨어요. "샘, 모든 것을 잘 분리해야 해!" ❼ 그리고… 오래 지나지 않아 재활용은 전적으로 제 책임이 되었습니다. ❽ 때로는 조금 짜증이 났지만, 선택의 여지가 없었죠. ❾ 어쨌든, 저는 캔, 종이, 유리, 플라스틱을 분리해 적절한 통에 넣는 법을 배웠습니다.

Useful Expressions

❷ When I was a child 어릴 때 | ❷ organized 정돈된 | ❸ at least 최소한, 적어도 | ❺ Now that I think more about it 지금 와서 더 생각해 보니 | ❺ specifically 분명히 | ❼ not before long 오래 지나지 않아 | ❾ rightful 적절한, 정당한

CHAPTER 05 과거 경험

① Recycling... OK, that's pretty interesting.
② When I was a child, I would have to say that (recycling) was quite (organized).
    ↳ what   ↳ why
③ At least in my home, anyway.
④ And I (loved) that. → feeling

①은 '나는 스크립트 없이 질문을 듣고 바로 생각하고 있다'는 모습을 보여주고 있다. 그리고 바로 MP를 말하고 있다. 여기서 주의할 점은 이 질문이 과거 경험 질문이기 때문에 과거 이야기만 해야 한다는 것이다. 그래도 현재 이야기를 하고 싶다면 정말 짧게 그리고 나중에 하는 것이 좋다. 과거 경험 질문이기 때문에 답변의 주 내용은 과거 이야기여야 한다.

영상에는 ④번 문장이 없다. 이 예시 답변은 직접 화법에 집중해서 말했기 때문에 완벽한 MP를 말하지 못했다. 그래서 영상에는 빠진 feeling 부분은 추가적으로 넣었다.

⑤ Now that I think more about it, I remember specifically my mother giving me the low-down on how to recycle.

⑥ She was like, "Sam, make sure to separate everything!"

⑦ And then… not before long, it became my full responsibility.

⑧ It was a little bit annoying at times, but I had no choice.

⑨ Anyway, I learned to separate the cans, paper, glass, and plastics and put them in their rightful bins.

이렇게 직접 화법을 쓰면 답변이 더욱 실감 나게 들린다. 과거 경험 카테고리 질문에 답변할 때, 내가 한 말을 직접 화법으로 말하는 것도 좋지만 다른 사람이 나에게 한 말을 직접 화법으로 말해보자. 이때 본인의 이름을 넣으면 좀 더 깔끔하게 들릴 수 있다. 다른 사람이 나에게 한 말이 아니라 나 혼자 든 생각을 표현할 때에는 이렇게 시작하면 된다.

- I was like… 나는 이렇게 말했다
- I thought to myself… 나는 이렇게 생각했다

이 표현을 사용하여 카페 주제의 과거 경험 카테고리 답변을 예시 답변으로 설명해 주겠다.

I decided to try out a new coffee shop near my home that just opened up.
When I got their Americano, **I thought to myself, 'Holy cow! This is amazing!'**
And it truly was.
I couldn't believe how wonderful it tasted.

집 근처에 새로 생긴 카페에 가보기로 했어요. / 그곳에서 아메리카노를 받았을 때, 전 이렇게 생각했어요. '이럴 수가! 정말 놀랍네!' / 그리고 정말 그랬어요. / 그것이 얼마나 맛있었는지 믿을 수 없었어요.

본인의 감정을 표현하고 싶을 때는 직접 화법을 사용하여 짧게 한 문장만 이야기하자. 이 부분은 보통 과거 경험의 클라이맥스가 되는 부분이기에 짧게 이야기하여 문법 실수를 할 확률을 줄여야 하기 때문이다. 물론 영어 실력이 좋으면 좀 더 길게 이야기해도 괜찮다.

03 노잼 얘기를 듣기 좋게 깔끔하게 만드는 방법

과거 경험 카테고리의 MP는 '클라이맥스'?

QUESTION

Chap05_02Q

Tell me about a memorable incident that happened at a coffee shop. What happened? Who was involved? How did you deal with the situation? Tell me everything about what happened from beginning to end.

커피숍에서 있었던 기억에 남는 일에 대해 말해주세요. 무슨 일이 있었나요? 누구와 관련이 있었나요? 그 상황을 어떻게 해결했나요? 처음부터 끝까지 무슨 일이 일어났는지 모든 것들을 말해주세요.

학생 답변

MP	❶ OK, I have the perfect story to tell you.
	❷ Hmm, I once borrowed my boyfriend's laptop, and I was waiting for him at OOO.
	❸ You know, all of a sudden, I felt like going to the washroom.
	❹ So, I left leaving the laptop on the table.
	❺ Then my boyfriend came to the coffee shop, and he was shocked to see the laptop alone.
본론	❻ And what you have to realize is that he was being very paranoid about his laptop.
	❼ And, you know, when I came back, he was like, "Hey, are you crazy? What were you thinking?!"
	❽ And this made my blood boil to the max!
	❾ And I couldn't believe how obnoxious he was being.
결론	❿ And, uh, what am I trying to say, uh, we ended up fighting and eventually, he apologized for being stupid.
	⓫ And so, we were able to make up in the end.

❶ 좋아요, 당신에게 말해줄 완벽한 이야기가 있어요. ❷ 음, 제가 한 번은 남자 친구 노트북을 빌려서 OOO에서 남자 친구를 기다리고 있었죠. ❸ 그런데 말이에요, 갑자기 화장실이 너무 가고 싶어졌어요. ❹ 그래서 테이블 위에 노트북을 올려놓고 갔죠. ❺ 그리고서 남자 친구가 커피숍으로 오는데, 노트북만 올려져 있는 것을 보고 충격을 받은 거예요. ❻ 그리고 당신이 알아야 할 것은 제 남자 친구는 노트북에 대해 편집증이 있었다는 거예요. ❼ 그리고 제가 다시 돌아왔을 때, 남자 친구가 이렇게 말했어요. "야, 너 제정신이야? 무슨 생각 하고 있던 거야?" ❽ 그리고 이것이 제 화를 완전 치밀어 오르게 했어요! ❾ 그리고 나는 그가 얼마나 기분 나쁜 행동을 했는지 믿을 수가 없었어요. ❿ 그리고, 제가 하려고 하는 말은, 어, 결국 우리는 싸웠고 남자 친구는 마침내 어리석게 행동한 것에 대해 사과했어요. ⓫ 그렇게 우리는 결국 화해할 수 있었죠.

Useful Expressions

❸ all of a sudden 갑자기 | ❸ feel like ~하고 싶은 기분이 들다 | ❻ paranoid 편집증적인 | ❾ obnoxious 아주 불쾌한, 몹시 기분 나쁜 | ❿ end up 결국 ~하다 | ⓫ make up 화해하다

① OK, I have the perfect story to tell you.

답변의 시작으로 아주 완벽했다. 그런데 너무 완벽한 나머지 오히려 스크립트처럼 보일 수 있다. 사실 원래 학생의 답변에서는 OK를 빼고 말했지만, 스크립트처럼 보일 수 있기 때문에 생각하는 듯한 모습을 보여주려고 OK를 넣은 것이다. 답변을 미리 준비했든, 하지 않았든 상관없다. 질문에 답변할 때는 내가 지금 생각하고 있다는 모습을 보여주어야 한다. 때문에 오픽 공부를 할 때도 답변을 어떻게 시작하면 좋을지 연습을 많이 해보도록 하자. OK 외에도 질문을 듣고 생각하는 모습을 보여줄 수 있는 표현들이 더 있다.

- Hmm, alright. 흠, 알겠어요.
- OK, you know what? 알았어요, 근데 있잖아요.

② Hmm, I once borrowed my boyfriend's laptop, and I was waiting for him at OOO.

이 학생의 MP는 완벽하지 않았다. 이 부분은 답변의 초반 부분으로 MP가 나와야 하는 부분이다. MP & 전략 챕터에서 카테고리별로 어떻게 MP를 말하면 좋은지 설명했다. 과거 경험 카테고리에서 MP는 경험의 클라이맥스 부분을 말하면 좋다고 했다. 경험의 클라이맥스를 MP로 말하면 그 한 문장으로도 어떤 경험을 했는지 채점자가 파악할 수 있기 때문이다. 하지만 여기서는 MP를 클라이맥스로 말하지 않았다. 나중에 나올 이 이야기의 클라이맥스는 '남자 친구와 싸웠다'는 내용이다. 그래서 이 MP를 바꾸면 이렇게 된다.

| MP | I once borrowed my boyfriend's laptop. → what
And I pretty much got into a big fight with him because of that at OOO.
Oh, I found him so annoying. → why / feeling |

제가 한 번은 남자 친구의 노트북을 빌렸어요. / 그리고 그것 때문에 OOO에서 거의 싸울 뻔했어요. / 오, 너무 짜증이 났어요.

사실 높은 영어 실력을 갖춘 상태에서 시험을 본다면 굳이 이야기의 클라이맥스를 MP로 하지 않아도 된다. 그냥 시간의 순서대로 이야기해도 좋고, 말하고 싶은 대로 해도 좋다. 그러나 영어 실력이 조금 부족한 상태에서는 이렇게 MP에 클라이맥스를 말하는 게 더 좋다. 그래야 답변을 하면서 이야기 구조를 더 쉽게 정리하고 말할 수 있기 때문이다. MP를 말하지 않고 그냥 답변한다면 답변을 마무리할 때까지 어떤 구조도 없이 프리스타일로 계속 말해야 할 것이다. 그렇게 되면 듣는 사람도 내용을 이해하지 못할 확률이 높고, 이는 곧 낮은 점수로 이어질 수밖에 없다. 이런 상황을 방지하기 위해 우리는 MP를 계속 연습해야 한다.

❸ You know, all of a sudden, I felt like going to the washroom.

❹ So, I left leaving the laptop on the table.

이 학생이 정말 잘한 점이 있다. 대부분은 그냥 '갑자기 화장실에 가고 싶어서 화장실에 갔어요.'라고 말한다면, 이 학생은 '거기에 남자 친구 노트북을 두고 갔어요.'라고 추가 정보를 말했다. 이렇게 추가 정보를 짧게 말하면서 문장을 더 길게 말하면 더 높은 점수를 받을 수 있다.

다른 상황을 예로 들어 추가 정보를 문장에서 어떻게 말하면 되는지 설명하겠다.

I recycle because I have to.

I mean, it's pretty easy and so I don't really complain about it.

I just do it because, well, I know that it's my responsibility.

저는 재활용을 해야 하기 때문에 해요. / 제 말은, 너무 쉬워서 불평할 일도 아니에요. / 그냥 제 의무에요.

여기서도 추가 설명을 더 넣음으로써 더 길게 말하고 있다. 앞으로도 한 가지 내용을 말하더라도 이렇게 추가 설명을 넣어서 더 길게 말할 수 있도록 계속 연습을 해보자.

❺ Then my boyfriend came to the coffee shop, and he was shocked to see the laptop alone.

물론 이 문장 자체로도 아주 좋았다. 하지만 아까 말했던 추가 설명을 통해 더 길게 말하기를 적용해 보자.

Then my boyfriend came to the coffee shop, and he was shocked to see the laptop alone. You know, he couldn't believe that I left to go to the washroom without taking the laptop (with me).

그리고서 남자 친구가 커피숍으로 왔는데, 노트북만 올려져 있는 것을 보고 충격을 받은 거예요. / 남자 친구는 제가 노트북을 자리에 두고 화장실에 갔다는 것을 믿지 못했어요.

❻ And what you have to realize is that he was being very paranoid about his laptop.

여기서는 what you have to realize is that으로 문장을 시작한 점이 좋았다. 이 표현은 '내 말을 자세히 들어봐, 이걸 알아야 해, 너가 이해해야 할 점은'이라는 의미인데 Ava에게 말하는 느낌을 주고 싶을 때 사용하면 좋은 표현이다.

그리고 여기 paranoid '편집증'이란 단어는 어려운 단어이지만 이 학생은 굉장히 자연스럽게 썼다. 만약 내가 새로운 단어를 알게 되어서 이 단어를 답변에 사용하고 싶은데 살짝 어색한 느낌이 든다면 이렇게 하는 것을 추천한다. 단어를 사용하고 난 뒤에 조금 설명하는 말을 넣어주는 것이다. 여기에 쓰인 paranoid를 예로 들어보겠다.

He was being very **paranoid**.
You know, he was just being so crazy about his laptop.
그는 편집증이 있었어요. / 있잖아요, 자신의 노트북을 너무나 아끼는 사람이었어요.

이런 식으로 설명을 덧붙여 주면 더 높은 점수를 받을 수 있다.

❼ And, you know, when I came back, he was like, "Hey, are you crazy? What were you thinking?!"

여기서는 그냥 you know라고 하지 않고 and와 섞어서 advanced 필러를 사용했다. 필러 챕터에서도 말했듯이 필러도 하나만 쓰지 않고 이렇게 두 개의 필러를 섞어서 사용해도 좋다.

그리고 he was like를 써서 앞에서 말했던 직접 화법을 사용했다. he was like는 원어민들도 많이 쓰는 표현이기 때문에 오픽 시험에서 사용하면 더 좋다. 직접 화법을 쓸 때는 큰따옴표 안에 쓰는 말, 다시 말해 직접 화법 내용은 현재 시제로 말하고, 다른 부분은 과거 시제로 말해야 한다고 했었다. 이렇게 과거 시제와 현재 시제를 섞어서 사용하면 나는 과거 시제를 알맞게 사용하면서도 능숙하게 현재 시제도 적절히 섞어서 사용할 수 있다는 모습을 보여줄 수 있다.

❽ And this made my blood boil to the max!

아주 좋은 관용구를 사용했다.

This made my blood boil.
이것이 제 화를 치밀어 오르게 했어요.

이 표현은 분노, 화가 치밀어 오르는 상태를 강조하는 것이다. 여기서도 '이것 때문에 내가 너무 화가 났다'는 것을 표현하기 위해 사용했는데 여기서 그치지 않고 to the max라고 조금 더 추가해서 말했다. 다만, 이 학생은 to the max를 말할 때 조금 빠르게 말했는데 이 부분은 감정을 나타내는 부분이므로 조금 느리게 말하는 게 좋다.

❾ And I couldn't believe how obnoxious he was being.

여기서도 아주 좋은 단어를 썼다. obnoxious '몹시 기분 나쁜'이라는 뜻인데 very annoying과 같은 느낌의 단어이다. 그리고 I couldn't believe how 형용사 '얼마나 ~하는지 나는 믿을 수가 없었다'는 표현도 사용하면 아주 좋은 구문이다. 이 구문을 여행이나 식당에서 어떻게 쓸 수 있는지 보여주겠다.

여행 **I couldn't believe how** beautiful the mountain was.
산이 얼마나 아름다운지 나는 믿을 수가 없었어요.

식당 **I couldn't believe how** stuffed I was.
내가 얼마나 배가 부른지 믿을 수가 없었어요.

이렇게 다양하게 활용할 수 있으니 이 구문은 외워서 잘 쓸 수 있도록 하자.

⑩ And, uh, what am I trying to say, uh, we ended up fighting and eventually, he apologized for being stupid.

And uh, what am I trying to say…도 아주 좋은 표현이다. 답변하다가 생각이 안 나서 멈칫하게 되는 순간에 필러와 같이 쓰면 좋다. 생각하는 모습을 보여주면서도 침묵의 순간이 발생하지 않도록 해주기 때문이다. 이 표현 외에도 이러한 상황에서 쓰면 좋은 표현들이 더 있다.

• What am I saying…	내가 무슨 말을 하려고 했지…
• How can I describe this…	내가 이것을 어떻게 설명하지…
• How should I describe this…	내가 이것을 어떻게 설명해야 하지…

이런 표현들은 말하려던 것이 생각이 나지 않을 때 사용하면 좋다. 단, 중간에 끊거나 느리게 말하지 말고 빠르게 말해야 한다는 것을 기억하자.

앞에서 다음 할 말이 생각나지 않는 모습을 보였다가 '결국은 우린 싸웠다'고 이야기를 이어갔다. 이 말을 하면서 사용한 ended up '결국 ~했다' 표현도 너무 좋았다. 많은 사람이 오픽에서 이 표현을 사용하는 것을 어려워하는 데 만약 이렇게 자연스럽게 사용한다면 정말 교포 같은 느낌을 줄 수 있다.

⑪ And so, we were able to make up in the end.

그리고 마지막 문장도 만약 IH 정도의 학생이라면 And so, we made up. '그렇게 우리는 화해했다.'고 과거 문법을 사용해서 간단하게 끝냈을 것이다. 하지만 AL 학생은 약간 추가로 설명하는 표현을 써서 마무리 지었다.

We were able to make up in the end.
우리는 결국 화해할 수 있었다.

이렇게 말한다면 약간의 어려움을 극복한 끝에 화해했다는 것을 강조하는 느낌이다. 그리고 여기서 말한 것처럼 be able to 표현을 자주 사용해서 말할 수 있도록 연습해 보자.

꿀팁! 생각하는 모습과 '나는 이 문제를 지금 처음 본다'는 모습 보여주기

공식 규정에도 나와 있듯이 오픽은 즉석에서 생각한 자연스러운 답변을 선호한다. 질문을 듣고 약간 생각하는 모습을 보여준다든지, 답변하면서 잠시 멈추고 uh…, um…과 같은 말을 하는 것은 실수하는 게 아니라 오히려 내가 즉석에서 답변하고 있다는 모습을 보여준다. 하지만 과유불급이라고 너무 많이 uh…, um…을 하면 득보다는 실이 될 수 있으니 주의하자. 그리고 아무리 내가 준비했던 질문이 나오더라도 질문을 듣고 약간 생각하는 모습이나 혹은 질문을 지금 처음 접했고, 답변을 미리 생각하지 못했으며 지금 답변을 생각하고 있다는 모습을 보여주어야 한다는 것을 명심하자.

04 첫 5초 시작이 엄청 중요하다!

질문을 듣고 생각하는 모습 보여주기

QUESTION

문제 듣기

Chap05_03Q

Talk about the first coffee shop you went to. What was special about that place? What do you remember most?

당신이 처음으로 갔던 커피숍에 대해 말해주세요. 그곳의 특별한 점은 무엇이었나요? 어떤 것이 가장 기억에 남나요?

학생 답변

MP	❶ The first coffee shop that I've ever been to… ❷ Um, I think it was "Café Moa" when I was in high school but I can't say for certain. ↳ what ❸ Anyway, I think that place was more known for their ice cream than their coffee. ↳ why ↳ why ❹ And, you know, they put so many toppings. ❺ And I thought it was wonderful ↳ feeling
본론	❻ My friends and I went there for the first time after an exam. ❼ Um, you know, it was our way to celebrate. ❽ When we went there, they had parfait which was ice cream with fruits and snacks in a tall cup. ❾ I would say it was quite pricey for students. ❿ But they gave us free bread too. ⓫ So, I thought it was quite worth it. ⓬ You know, it's funny because their ice cream was so good that we didn't even think about ordering any coffee.
결론	⓭ And so, it was pretty ice-cream-tastic if you know what I mean.

❶ 내가 가봤던 첫 번째 커피숍… ❷ 음, 제가 고등학생이었을 때, '카페 모아'였던 것 같아요. 하지만 정확하게 말할 수는 없어요. ❸ 어쨌든, 그곳은 커피보다는 아이스크림으로 더 유명했던 것 같아요. ❹ 그리고 있잖아요, 아이스크림 위에는 토핑이 많이 있었어요. ❺ 그리고 아주 좋았다고 생각했어요. ❻ 친구들과 저는 시험이 끝나고 그곳에 처음 갔었어요. ❼ 음, 시험이 끝난 기념으로요. ❽ 우리가 그곳에 갔을 때는, 파르페가 있었어요. 그게 뭐냐면, 아이스크림인데 긴 컵에 과일이랑 과자랑 같이 나오는 거예요. ❾ 학생에게는 꽤 비쌌어요. ❿ 하지만 무료로 빵도 줬어요. ⓫ 그래서 꽤 가치가 있다고 생각했죠. ⓬ 아이스크림이 너무 맛있어서 우리는 다른 커피를 주문할 생각조차 하지 않았다는 게 웃기네요. ⓭ 그리고 그건 ice-cream-tastic이었어요. 무슨 말인지 이해하시려나요.

Useful Expressions

❷ I can't say for certain. 정확하게는 말할 수 없어요. | ❸ known for ~로 유명한 | ❾ pricey 비싼 | ⓫ worth it 가치가 있는 | ⓬ didn't even think ~할 생각조차 하지 않았다 | ⓭ if you know what I mean 무슨 말인지 이해하시려나요

❶ The first coffee shop that I've ever been to…

질문을 듣고 첫 5초, 딱 5초 정도 생각하는 모습을 보여주면 좋다. 생각하는 모습을 5초 이상 보여주게 되면 오히려 마이너스가 될 수 있으니 이 5초를 잘 활용하자. 여기서 내가 생각하는 모습을 더 잘 보여주고 싶다면 감정을 담은 말을 해보자.

- Interesting…
- Oh, wow…
- Oh, my first coffee shop…

질문에 나왔던 메인 단어를 말하는 것도 좋은 방법이다. 이런 식으로 메인 단어를 다시 언급해서 생각하는 모습을 보여주는 것이다. 굉장히 여러 번 말한 만큼 오픽 시험에서 답변을 시작하는 부분은 아주 중요하다. 그러니 한 번에 전체적인 답변을 연습하기보다는 답변의 시작을 바로 말할 수 있는 연습을 먼저 하는 것을 권장한다.

❷ Um, I think it was "Café Moa" when I was in high school but I can't say for certain.

아주 간단하지만 사용하면 문장의 퀄리티를 훨씬 높여주는 표현이 쓰였다. 바로, I think다. 많은 사람이 그 의미를 알고 있을 정도로 쉬운 표현이지만 문장에 쓰였을 때와 안 쓰였을 때의 차이가 크다.

- It was Café Moa. 카페 모아였어요.
- **I think** it was Café Moa. 카페 모아였던 것 같아요.

이렇게 사소한 차이지만 느낌은 확연히 다르다. 내가 정확하게 기억하지 못하는 것을 말할 때 I think를 쓰면 '정확하게 기억은 나지 않는다'라는 의미가 자연스럽게 포함된다. 그래서 과거의 어떤 경험을 말할 때, 정확하게 기억나지 않는 것이 있다면 I think를 사용해서 말하는 것을 추천한다.

'내가 고등학생이었을 때'라는 의미를 영어로 말하기 위해 When I was a high school student라고 말하는 사람들이 많을 것이다. 물론 이 표현은 문법적으로 틀린 부분이 없지만 부자연스럽다. 한국어로 예를 들자면, '내가 고등학교에 다니고 있는 학생이었을 때'만큼 뻣뻣하게 들릴 수 있다. 그래서 나는 이 표현 대신 이렇게 말하는 것을 추천한다.

- When I was in high school…
- In my high school days…

but I can't say for certain '확실히 말할 수는 없지만' 바로 이 표현이 IH와 AL 등급을 나누는 표현이다. IH 학생의 경우 I think it was "Café Moa" when I was in high school. '제 생각에는 고등학생 때 이름이 카페 모아였던 것 같아요.'에서 끝냈을 것이다. 하지만 AL 학생은 거기서 나아가 '정확하게는 말할 수 없지만'을 덧붙였다. 똑같은 내용을 말해도 더 길게 말하는 것, 그게 바로 IH 등급 학생과 AL 등급 학생의 차이다.

---

❸ Anyway, I think that place was more known for their ice cream than their coffee.

❹ And, you know, they put so many toppings.

❺ And I thought it was wonderful.

여기까지가 MP였다. '카페 모아'는 커피보다는 아이스크림이 더 유명했다는 것을 아주 깔끔하고 명확하게 전달하고 있다. 그리고 뒤에 필러를 사용하면서 자신의 감정을 드러내는 표현(wonderful)을 사용했다. 그런데 여기서 그냥 wonderful 했다고 하지 않고 '그때는 wonderful 했다고 생각했다.'라고 말한 점을 주목해야 한다. 앞에서는 계속 I think를 썼다. 하지만 여기에서 그 카페의 아이스크림에 대해 말을 할 때는 I thought라고 과거 시제로 말을 했다. 이렇게 과거 시제와 현재 시제를 자유자재로 섞어서 쓸 수 있다면 굉장히 능숙하고 자연스럽게 들릴 수 있다. 때문에 채점자가 높은 점수를 줄 수밖에 없다.

---

❻ My friends and I went there for the first time after an exam.

❼ Um, you know, it was our way to celebrate.

MP가 끝난 후, MP 내용에 관해 부연 설명을 시작했다. 이 시작이 굉장히 간단하고 좋았다. 영어에서는 나와 다른 사람들을 말할 때, 먼저 다른 사람들을 말하고 and 뒤에 I를 말해야 한다. 그런데 I and my friends라고 잘못 말하는 경우가 많다. 이 점을 주의해서 앞으로는 I를 뒤에 말할 수 있도록 하자.

하지만 10년이 지나면 강산도 변하듯이 영어 표현도 변하기 마련이다. I를 먼저 말하는 게 명확하게 따지면 틀린 것이지만 요즘에는 외국인들도 Me and my friends라고 하는 경우가 있다. 한국어 중에서도 예전에는 틀렸다고 여겨졌던 표현들이 요즘엔 그냥 넘어가는 것처럼 이 역시 똑같은 경우다. 문법적으로는 틀렸지만, 대화할 때는 Me and my friends라고 외국인들도 자주 쓰니 참고하도록 하자.

그리고 '처음으로'라는 의미를 말하기 위해 for the first time이라는 표현을 썼는데 굉장히 자연스럽게 들릴 수 있는 좋은 표현이다. 여기에 더해서 뒤에 after an exam이라고 덧붙였다. 굳이 넣지 않아도 되지만 추가 정보를 넣음으로써 문장을 더 길게 말하는 AL 스킬을 보여주었다. 또한 내가 말하고자 하는 의미까지 더 명확하게 전달했다. 이렇게 추가 정보를 넣는 스킬은 여러모로 좋은 점이 많다. 하지만 여기서 이 추가 정보를 넣어서 오히려 의미가 헷갈려진다면 아예 빼는 게 좋으니 넣을지 말지를 잘 판단해서 사용하도록 하자.

❽ When we went there, they had parfait which was ice cream with fruits and snacks in a tall cup.

IH의 경우, '거기에 이게 있었다.'라고 표현한다면 AL은 '우리가 거기에 갔을 때 이게 있었다.'라고 좀 더 디테일하게 표현을 한다. 여기서 더 디테일적인 부분을 살리고 싶다면 문장 중간에 이런 표현을 넣어보자.

- **pretty much** 거의
  When we went there, they had parfait which was **pretty much** ice cream.
  우리가 그곳에 갔을 때는, 거의 아이스크림인 파르페가 있었어요.
- **something like** 비슷한
  They had parfait which was **something like** ice cream with fruits and snacks in a tall cup.
  긴 컵에 과일이랑 과자랑 같이 나오는 아이스크림과 비슷한 파르페가 있었어요.

위와 같이 사용할 수 있다. 이렇게 디테일적인 부분을 살려서 말하면 좀 더 자연스럽게 들릴 수 있다.

❾ I would say it was quite pricey for students.

I would say… '~라고 말할 수 있어요.' 이 표현은 개인적인 의견을 전달할 때 사용하면 좋은 표현으로 문장 시작 부분에 사용하기 좋다. 이와 비슷한 표현으로는 아래와 같은 것들이 있다.

- I would have to say…
- In my opinion…
- Personally, I think…
- I believe that…
- From my point of view…

이 표현들은 문장을 시작할 때 사용해도 좋고, 답변을 시작할 때 사용해도 좋다. 지금 살펴보고 있는 질문을 예로 들자면, 답변 시작 부분에 이렇게 말하는 것이다.

First coffee shop… alright, **I would have to say** that my first coffee shop was a place called "Café Moa."
첫 번째 커피숍이라… 알겠어요, '카페 모아'라는 곳이라고 말해야겠네요.

그리고 채점자가 모를 법한 명칭을 말할 때는 약간의 추가 설명을 해주는 것이 좋다. 여기서는 그냥 My first coffee shop was "Café Moa."라고 하지 않고 '카페 모아라고 하는 곳이었다'라고 세세한 설명을 해줬다. 물론, 스타벅스와 같은 누구나 다 아는 곳이라면 그냥 My first coffee shop was Starbucks. 라고 해도 된다.

가끔 학생들이 I would like to talk about… '~에 대해 말하고 싶다'라고 말하는 경우가 있다. 이 표현은 글로 쓸 때는 사용하기 좋지만, 일반적인 대화를 할 때는 어색한 표현이기 때문에 스피킹 시험인 오픽 시험에서는 사용하는 것을 추천하지 않는다.

여기서 쓰인 quite '꽤, 아주, 상당히'는 자주 사용하면 자연스럽고 좋다고 앞에서도 언급한 만큼 한번 더 알아 두자. 그리고 pricey '비싼'도 굉장히 간단하지만 자연스러운 단어이다. 어떤 학생들은

- It cost a lot. 비용이 많이 나갔다.
- It was expensive. 그것은 비쌌다.

라고 표현하지만 pricey도 아주 좋은 표현이므로 비싸다는 것을 표현할 때, 잊지 말고 사용하도록 하자.

---

⑩ But they gave us free bread too.
⑪ So, I thought it was quite worth it.

이 부분에서도 I thought을 썼다. 계속 현재와 과거 시제를 자유롭게 섞어서 쓰고 있다. 그리고 quite도 잊지 않고 잘 사용했다. worth it '가치가 있다'도 아주 좋은 표현이다. 여기에서는 비싼 만큼 그럴 만한 가치가 있었다는 의미를 잘 표현해 주고 있다.

---

⑫ You know, it's funny because their ice cream was so good that we didn't even think about ordering any coffee.

이 문장은 문법을 떠나서 이야기 흐름상 아주 좋은 문장이었다. 앞에서 이 카페는 커피보다 아이스크림이 더 좋았다고 했다. 그 점을 잊지 않고 '우리는 아이스크림 때문에 다른 커피를 시킬 생각은 하지 않았다.'고 다시 말했다. 카페에 대해 이야기를 할 때는 다양한 이야깃거리가 있지만 이 학생은 계속 '아이스크림'에 집중해서 이야기하고 있다.

it's funny는 웃기거나 재미있을 때, 혹은 내가 어떤 상황이 놀랍고 신기하다고 생각할 때 쓰면 좋다. 커피숍에서 커피가 아닌 아이스크림을 시키는 건 굉장히 재미있고 신기한 일이다. 그래서 이런 상황을 말할 때 it's funny를 사용하면 좋다. 만약 it's funny가 어색하게 느껴진다면 It's interesting '재밌네요(흥미롭네요)'라고 해도 좋다. 이렇게 아이스크림에 대해 이야기를 하면서 so good이라고 하며 감정을 넣는 것도 잊지 않았다.

그리고 didn't even think about '~조차 생각하지 않았다'는 표현을 통해 또 AL의 면모를 보여주었다. AL은 IH와 달리 같은 의미의 문장을 더 길게 말하고 있다.

\<IH\> We didn't order any coffee.

우리는 커피를 주문하지 않았어요.

\<AL\> We **didn't even think about** ordering any coffee.

우리는 다른 커피를 시킬 생각조차 하지 않았어요.

⓱ And so, it was pretty ice-cream-tastic if you know what I mean.

여기서는 pretty를 썼다. quite와 같은 의미인데 둘 다 모두 사소하지만, 문장을 말할 때 사용하면 아주 좋은 표현들이다. 그리고 처음 보는 듯한 표현, ice-cream-tastic도 등장한다. 이 표현을 본 사람들은 '이게 무슨 말이지?'하고 생각했을 것이다. 기존에 있던 단어, ice cream과 fantastic을 합쳐서 만든 표현이다. 이렇게 기존의 단어를 합쳐서 새로운 단어로 만드는 것은 AL보다 더 높은 수준의 스킬이다. 하지만 모 아니면 도라고 어색하게 단어를 만들면 오히려 다 망쳐버릴 수도 있다. 그래서 모든 사람에게 추천하는 것이 아닌 AL을 받고 영어 실력을 더 높이고 싶은 사람들에게 추천하는 스킬이다. 지금 쓰인 표현 외에도 gigantic '거대한'과 enormous '막대한'을 합친 ginormous '어마어마하게 큰'이라는 표현도 있다.

if you know what I mean은 원어민들이 굉장히 많이 쓰는 표현이다. '내가 무슨 말 하는지 알겠지?'라는 의미다. 오픽 시험은 원어민처럼 자연스럽게 회화를 할 수 있는지를 보는 시험이기 때문에 원어민들이 실제로 자주 쓰는 표현들은 알아 두고 실제로 써보는 게 좋다. 이 표현을 어떻게 사용하면 좋은지 예를 보여주겠다.

You know, I really love baseball.

But you know what?

I'm a pretty big guy and so I absolutely hate running **if you know what I mean**.

전 야구를 정말 좋아해요. / 근데 있잖아요? / 전 덩치가 꽤 커서 달리는 걸 완전히 싫어해요. 내 말 무슨 말인지 알죠?

이런 식으로 자신이 어떤 것을 설명할 때나 말할 때 덧붙여서 쓰면 된다.

05 한국어를 영어로 바로 말할 수 있을까?

 대답을 하다가 실수를 했을 때는?

- controlled singular 전략

QUESTION

문제 듣기

Chap05_04Q

Can you tell me about the last time you had some free time? When was it? What did you do? Did you spend the time with someone?

최근에 가졌던 자유 시간에 대해 말해줄 수 있나요? 언제였나요? 무엇을 했나요? 누군가와 함께 시간을 보냈나요?

MP

① Um, OK. ⟶ what

② I went to (Swiss) with my sister for... about a few months ago.

③ And it was friggin' (awesome) because I got to go skydiving! ⟶ why
↳ feeling

④ And, um, talking about it makes me wanna call up my sister and go there again.

⑤ Anyway, we stayed there just for a few days.

⑥ And I didn't have that much time to travel.

⑦ So, I had no choice but to choose only one activity.

⑧ And, um, if only I had more time.

본론

⑨ Anyway, I decided to go skydiving as my main activity.

⑩ And believe it or not, I didn't feel nervous at all before I went skydiving.

⑪ But, when I was about to jump, I was like, "OMG! OMG! I can't do this! I can't!"

⑫ And then, I think I passed out, uh, for a few seconds.

⑬ And then when I woke up, it was the most thrilling thing that I've ever experienced.

⑭ And, um, next thing you know, I was on the ground.

⑮ And, um, you know what?

결론

⑯ Oh, after this test, I think I should call up my... my sister... round... for round two.

① 음, 알겠어요. ② 몇 달 전에… 여동생이랑 스위스에 갔었어요. ③ 완전 멋졌어요. 왜냐하면 스카이다이빙을 했거든요. ④ 그리고, 음, 이야기하다 보니까 동생한테 전화해서 다시 가고 싶네요. ⑤ 아무튼, 우리는 며칠만 그곳에서 머물렀어요. ⑥ 여행할 시간이 많이 없었거든요. ⑦ 그래서 한 가지 액티비티밖에 할 수 없었어요. ⑧ 음, 시간만 더 있었더라면. ⑨ 어쨌든, 저는 메인 액티비티로 스카이다이빙을 하기로 했죠. ⑩ 믿기 힘들겠지만, 스카이다이빙을 하기 전에는 전혀 떨리지 않았어요. ⑪ 하지만, 막 뛰어내리려고 할 때, "어떡해! 어떡해! 나 못하겠어! 못하겠어!"라고 말했죠. ⑫ 제 생각엔 몇 초 동안은, 어, 기절했던 것 같아요. ⑬ 그리고 깨어났을 땐, 제가 경험했던 것 중에서 제일 스릴 넘쳤던 일이었어요. ⑭ 그리고 음, 그다음은, 저는 이미 땅에 있었어요. ⑮ 그리고 음, 있잖아요? ⑯ 오, 이 시험이 끝나면 또 여행 가자고… 동생한테… 전화해야 할 것 같아요.

Useful Expressions

③ friggin' 완전, 정말 | ⑥ that much time 그렇게 많은 시간 | ⑩ believe it or not 믿거나 말거나, 믿기 힘들겠지만 | ⑫ pass out 기절하다 | ⑬ thrilling 스릴 넘치는 | ⑭ next thing you know 그다음은 | ⑯ round two 2차

1 Um, OK.

2 I went to **Swiss** with my sister **for... about a few months ago.**

'스위스에 갔다'는 것을 I went to Swiss라고 표현했다. 하지만 '스위스에 갔다'는 것을 말하고 싶으면 Switzerland를 써서 I went to Switzerland. 라고 해야 한다. Korea는 '한국'이고 Korean은 '한국 사람, 한국의' 인 것과 동일하다. Swiss는 '스위스의', '스위스 사람'을 나타내는 형용사나 명사로 사용된다. Swiss chocolates '스위스 초콜릿'을 예로 들 수 있다.

그리고 '몇 달 전에 갔다'는 것을 말하기 위해 for... about a few months ago라고 했다. 여기서는 문법 실수를 했다. for a few months ago가 아닌 about a few months ago라고 해야 한다. 이 학생은 for를 말하고 난 뒤에 실수를 깨닫고, 바로 뒤에 about a few months ago라고 말했다. 문법적인 부분은 고쳐졌지만 for과 about이 연속으로 쓰여서 듣는 사람의 입장에서는 혼란스러울 수 있다. 만약 이 부분을 확실히 고치고 싶다면 for를 말한 뒤에 필러를 넣으면 된다.

> I went to Switzerland with my sister for... **uh, you know, uh...** I went there about a few months ago.

반면에 여기서 좋았던 점은 나의 이야기에만 집중한 게 아니라 다른 사람 이야기도 했다는 것이다. IH 학생들은 본인에 대해 집중하는 경향이 있다. 물론 이것도 좋지만, AL을 받기 위해서는 본인의 이야기뿐만 아니라 다른 사람도 포함하여 함께 말하면 좋다. 만약 진짜로 혼자 스위스에 갔는데 다른 사람 이야기도 하고 싶은 경우엔 어떻게 하면 좋을까?

> I went to Switzerland alone about a few months ago.
> You know, I really wanted to bring my sister.
> But unfortunately, she couldn't make it.
> 저는 몇 달 전에 혼자 스위스에 갔어요. / 정말 여동생을 데리고 가고 싶었는데. / 유감스럽게도, 못 갔어요.

이런 식으로 언급을 해도 좋다. AL을 받고 싶다면 본인을 제외한 다른 사람을 이야기에 넣어보자. 그 순간 나의 답변의 퀄리티는 훨씬 더 좋아질 것이다.

❸ And it was friggin' awesome because I got to go skydiving!

여기까지가 이 학생 답변의 MP였다. 몇 달 전에 스위스에 갔다는 것을 말한 뒤, 이 학생은 자신의 감정을 드러내는 말까지 잊지 않고 완벽하게 해주었다. 많은 학생들은 그냥 자신이 무얼 했는지, 어디에 갔는지 등 사실만을 이야기한 뒤 그대로 MP를 끝내 버린다. 하지만 앞에서도 말했듯이 MP에는 말하고자 하는 것 (what), 어떻게 느끼는지 혹은 의견(feeling), 그리고 그렇게 느낀 이유(why)까지 세 가지가 모두 포함되어야 비로소 MP가 완성된다. 이 학생은

- **What?** 몇 달 전에 여동생과 스위스에 갔다
- **Feeling?** 완전 최고였다
- **Why?** 스카이다이빙을 해서

이 세 가지를 모두 넣어 MP를 말해주었다.

❹ And, um, talking about it makes me wanna call up my sister and go there again.

이 부분에서는 '이야기를 하다 보니 또 가고 싶다'는 말을 굉장히 자연스럽게 말했다. 그런데 여기서 하나의 꿀팁은 just를 넣는 것이다. just는 앞에서도 말했지만 아주 사소하지만, 문장에 넣으면 그 효과는 엄청난 단어이다. 이렇게 문장에 just를 넣어보자.

And, um, **just** talking about it makes me wanna…

그리고 다른 사람(여동생)의 이야기도 함께 하기 때문에 이야기 자체가 더 길어질 수밖에 없다. AL 등급 학생이 다른 학생들과 비교해 볼 때 특별한 점은 '같은 이야기라도 더 자세하게 풀어서 말하는 것'과 '다른 사람의 이야기도 함께 한다는 것'이라고 언급했다. 이 학생은 다른 사람의 이야기를 함으로써, 저절로 길게 말하고 있다.

❺ Anyway, we stayed there just for a few days.
❻ And I didn't have that much time to travel.

for와 few days 사이에 a를 넣는 게 중요하니 이 표현을 쓸 학생들은 a를 빼지 않게 주의하도록 하자. 그리고 여기에는 문장에 just를 넣어서 문장을 더 구체적이고 자세하게 만들어 주었다. 또한 MP인 '스카이다이빙'을 놓치지 않기 위해 And, I didn't have that much time to travel. 이라고 말하며 스카이다이빙에 대한 내용을 말할 수 있도록 했다.

❼ So, I had no choice but to choose only one activity.

이 문장에서는 one activity라고 했지만, 앞부분을 들은 사람이라면 이 one activity가 무엇인지 확실하게 알 수 있다. 바로 '스카이다이빙'이다. 이 학생이 앞에서 메인 포인트를 굉장히 명확하게 말해준 덕분이다.

❽ And, um, if only I had more time.

if는 우리를 매우 창의적으로 만들어 주는 단어이다. '만약에 ~했더라면'이라고 하면서 상상을 할 수 있게 해주기 때문이다. 덕분에 if는 우리의 대답을 더 다이내믹하게 만들어 주기도 한다. 더 세련되어 보이면서 동시에 간단하게 보인다. 계속해서 AL을 받을 수 있는 팁들을 알려주고 있는데 if도 마찬가지다. AL을 받을 수 있게 해주는 팁이다. AL을 받고 싶다면, if를 사용하는 연습을 해보자.

❾ Anyway, I decided to go skydiving as my main activity.

앞에서부터 언급했던 스카이다이빙에 대한 이야기를 본격적으로 시작하고 있다. 정말 자연스러운 방법과 모습으로 단계를 밟는 듯이 답변을 이어갔다. 하지만, 대부분 학생은 MP를 본격적으로 말하기 전에 다른 이야기를 하기도 한다. 그렇게 답변을 하면, 내가 말하고자 하는 MP가 흐려져서 헷갈려질 수 있기 때문에 우리는 무조건 MP와 관련된 한 가지에 대해서만 말할 수 있도록 해야 한다.

그리고 또, 이 학생은 내가 무엇을 했는지 말하면서 자신의 감정이 어땠는지도 굉장히 잘 말하고 있다. 아주 좋은 포인트다. 많은 학생들은 자신이 무엇을 했는지를 설명하는 데만 집중하고 기분이 어땠고, 무엇을 느꼈는지는 설명하지 않는다. 오픽을 떠나서 새로운 언어를 배울 때, 자신의 감정을 자세히 말하는 연습을 많이 하면 좋다. 이것은 스피킹 능력을 향상시킬 뿐만 아니라 의사소통하는 친근한 방법이기도 하다.

❿ And believe it or not, I didn't feel nervous at all before I went skydiving.

believe it or not은 '믿거나 말거나'의 의미로 사실인지 아닌지 믿기 힘든 상황에 쓰면 좋다. not ~ at all은 여기서 '아주 조금도, 요만큼도 긴장하지 않았다'는 것을 말하기 위해 쓰였는데 아주 좋은 표현이다. 다만 all을 발음할 때, 정확히 발음할 수 있도록 오픽노잼 영상을 참고해서 연습하자.

⑪ But, when I was about to jump, I was like, "OMG! OMG! I can't do this! I can't!"

여기서는 앞에서 아주 중요하다고 말했던 '직접 화법'이 등장한다. 바로 큰따옴표로 표시된 "OMG! OMG! I can't do this! I can't!"다. 중요한 내용이기 때문에 다시 한번 말하자면, 직접 화법을 사용하면 답변이 더욱 다이내믹해지는 동시에 문법 스킬도 보여줄 수 있다. 그리고 또 중요한 건 단순히 과거 경험을 말할 때는 과거 시제를 사용하지만, 직접 화법을 쓸 때는 현재 시제를 사용하는 것이다. 시제를 잘 구분해서 실수하지 않고 직접 화법을 과거 경험 카테고리 답변에 활용해 보자. 그럼 엄청난 효과를 불러올 것이다.

⑫ And then, I think I passed out, uh, for a few seconds.
⑬ And then when I woke up, it was the most thrilling thing that I've ever experienced.

I passed out이라는 표현을 통해 떨어지는 몇 초 동안에 갑자기 기절했다는 것을 디테일하게 아주 잘 표현했다. 하지만 그다음 문장에서 큰 실수를 했다. 영상에서 보면 계속 틀린 부분을 고치려고 했다. 물론 더 잘하기 위해 노력하고 메시지를 명확하게 전달하려는 것이지만 듣는 사람의 입장에서는 더 혼란스러워질 뿐이다. 이미 말했지만 틀린 부분을 계속 수정하려고 하는 것은 내가 말하고자 하는 메시지를 더 흐리게 만든다. 이렇게 문법을 틀린 경우에는 '필러'를 사용하면 된다. 그리고 그 메시지가 깨지지 않았다는 것을 확실하게 해주어야 한다. 이 문장을 필러를 넣어 고쳐보면

When I woke up… and I was… **OK, you know…** when I woke up, I lost all my fear, and I thought it was the most thrilling thing that I've ever experienced.

이런 식으로 틀린 부분 뒤에 필러를 넣고 다시 수정해서 말하면 된다.

⑭ And, um, next thing you know, I was on the ground.

next thing you know '다음으로'는 어떤 상황이나 예상하지 못한 사건이 일어나거나 변화가 생기는 것을 설명할 때 사용하기 아주 좋은 관용구이다. the를 넣어서 the next thing you know로도 사용해도 좋다.

ⓖ And, um, you know what?

ⓗ Oh, after this test, I think I should call up my… my sister… round… for round two.

마무리는 굉장히 좋은 아이디어였다. 하지만 여기서도 틀린 부분을 계속 고치려는 행동 때문에 오히려 메시지 전달이 약해졌다. 이 부분도 마찬가지로 틀린 부분이 있다면 필러를 넣어서 고치면 된다. 이렇게 필러를 넣어서 틀린 부분을 고치면서도 메시지를 정확하게 전달할 수 있다.

Oh, after this test, I think I should call up my… uh, my, sister… um, OK, I should call up my sister and, **you know**, go for round two.

이 답변은 전반적으로 '스카이다이빙'에 초점을 맞춰서 답변하고 있다. 한 가지에 관해서만 이야기하려는 노력이 아주 좋았다. 그러나 답변의 뒷부분에서 말하고자 하는 메시지를 명확하게 하는 대신에 문법적인 부분을 고치려는 데 집중했다. 이런 행동은 많은 학생들의 문제점이기도 하다. 틀린 문법을 고쳐서 보다 완벽한 답변을 하려는 노력은 알겠으나, 오히려 그 노력이 마이너스가 될 수 있다. 때로는 문법적으로 틀리게 말을 했더라도 그냥 고치지 않고 넘어가는 게 더 나을 수 있다. 오픽 질문에 답변할 때는 오직 한 가지 목적만 생각하자. 완벽한 답변을 하는 게 아닌 채점자가 이해하기 쉽게 메시지를 전달하는 것이다. 하지만 이 목적을 잊고 계속해서 문법적인 실수를 고치려고 하면 메시지는 흐려진다는 것을 명심하자.

MEMO

06 AL 받을 수 있는 오픽노잼의 신상 전략: indirect quotation

 과거 경험 카테고리 답변을 업그레이드해 주는 전략?

- 간접 화법 전략(Indirect Quotation Strategy)

간접 화법은 영어의 기본이 없으면 어려울 수도 있다. 그래서 굳이 공부하지 않아도 되지만 더 높은 점수를 받고 싶고 다른 사람들과 차별화를 두기를 원하는 학생들을 위해 설명하도록 하겠다. 간접 화법을 열심히 공부해서 잘 활용할 수만 있다면 답변 퀄리티가 정말 좋아질 것이다. 간접 화법 전략을 외국인의 답변을 통해 살펴보자.

 QUESTION

문제 듣기

Chap05_05Q

Talk about a special memory you had at home with your family members. Perhaps you had guests over or had a party of some sort. Tell me about that experience in detail.

가족과 함께 집에서 있었던 특별한 추억에 대해 이야기해봅시다. 아마도 손님이 왔거나 어떤 파티를 열었을 거예요. 그 경험에 대해서 자세히 말해주세요.

 **외국인 답변**

① Well, the most recent and most special memory that I have is when I went to visit my dad.

② And my dad, after he drinks, he gets very emotional and very loving with his words.

③ So, you know, after going to the wedding and the dance… and he had a little drink.

④ So, we got home and he, was, you know, he lives in a house where, it's, a little, you know, very poor.

⑤ He doesn't have a lot of money, so he was just telling me how he's very proud of everything that I'm doing.

⑥ You know, how I'm independent and able to, uh, you know, just, make it on my own.

⑦ And he told me that he felt, um, partly sorry because he couldn't provide for me like the best things in life.

⑧ And he was just telling me that he would always… he would always be proud of me no matter what.

⑨ And that you know, he tried his best and that he loved me whether I, you know, had um, whatever I chose to do in life, as long as I would do my best, he would be very proud of me.

⑩ So, of course, I felt very you know, just full of warmth and happy to hear his words and him feeling proud of me.

① 글쎄요, 가장 최근에 가장 특별한 기억은 아빠한테 방문했을 때예요. **②** 그리고 우리 아빠는 술을 마시고 나면 되게 감성적이시고 사랑스러운 말을 하세요. **③** 한번은 어떤 결혼식에서 춤을 추고 나서… 아빠는 술을 좀 마셨어요. **④** 그러고 나서 우리는 집에 왔고, 아빠는 작은 집에 살아요. 작은 집에, 가난해요. **⑤** 아빠는 돈이 많지 않아서, 제가 하는 모든 일을 얼마나 자랑스러워하는지 말씀하셨어요. **⑥** 제가 어떻게 독립적이고, 어, 혼자 해낼 수 있는지. **⑦** 그리고 제게 제일 좋은 것들만 주지 못한 것이 한편으로는 좀 미안하다고 말씀하셨어요. **⑧** 그리고 무슨 일이 있어도 항상 저를 자랑스러워할 것이라고… 말씀하셨어요. **⑨** 그리고 아빠는 최선을 다하려고 노력하셨고 제가 인생에서 무슨 선택을 하든 간에 저를 사랑한다고 말씀하셨어요. 제가 최선을 다한다면 항상 자랑스러워할 거라고 하셨어요. **⑩** 그래서 당연히, 전 매우 따뜻함을 느꼈고 아빠의 말씀과 자랑스러워하는 모습을 듣게 되어 기뻤습니다.

Useful Expressions

① visit 방문하다(see라고 할 수도 있지만, 부모님을 뵈러 간다고 할 때는 visit이 조금 더 자연스럽다) | **②** emotional 감성적인, 감정을 자극하는 | **⑤** proud of ~을 자랑스러워하는 | **⑥** independent 독립적인 | **⑥** make it on my own 혼자서 해내다 | **⑦** partly 조금, 어느 정도 | **⑩** full of warmth 따뜻함으로 가득한

❶ Well, the most recent and most special memory that I have is when I went to visit my dad.

MP를 말하면서 답변을 시작했다. 이 문장 안에는 두 가지 전략이 사용되었는데 첫 번째 전략은 '질문에 쓰인 단어를 사용한 것'이다. 질문에 쓰인 special memory를 답변에도 사용했다. 여기에 더해서 most recent를 사용했는데 덕분에 most recent and most special이 되면서 문장의 사운드가 매우 부드러워졌다. 만약어떤 특별한 경험에 대해 말을 하는 경우에는 이런 표현을 써서 말하는 것을 추천한다. 많은 학생이 기억에 남는 특별한 경험에 대해 말할 때, memorable experience '기억에 남는 경험'이라는 표현을 쓰는데 the most recent and most special memory를 배웠으니 이 표현도 번갈아 가면서 사용할 수 있도록 하자. 한 가지를 말하더라도 이렇게 다양한 표현을 사용하는 게 더 좋기 때문이다.

사용된 두 번째 전략은 '다른 사람의 이야기를 하는 것'이다. 나의 이야기를 하면서 다른 사람의 이야기도 같이하면 답변의 질이 더 높아지기 때문에 많은 연습을 통해 나의 이야기를 하는 게 자연스러워지고 익숙해지면, 다른 사람의 이야기를 하는 연습도 해보자.

❷ And my dad, after he drinks, he gets very emotional and very loving with his words.

앞 문장에 이어서 이 문장을 말하면서 MP를 마무리했다. 앞에서도 아빠에 관해 이야기를 했고 이 부분에서도 '아빠는 술을 마시면 사랑스러운 말들을 한다'고 계속해서 아빠에 대해 말하고 있다. 그리고 이 MP는 '아빠의 집에 간 것'과 '아빠가 술을 마시고 하는 말들에 대한 나의 감정'이 모두 들어가 있다. 이 부분에서 아빠가 어떤 말을 했는지 정확하게 말해 주지 않아도 듣는 사람들은 지금 이 사람이 어떤 말을 하고자 하는지 잘 알 수 있다. 이 외국인의 MP는 모든 게 명확하기 때문이다. 덕분에 앞으로 어떤 것에 대해 말을 할지 더확실히 알 수 있다. 이게 바로 MP의 중요성이다. 그리고 살짝 팁을 주자면 이 외국인은 이 부분을 말하면서 살짝 웃었는데 이렇게 웃는 모습도 굉장히 인간적인 모습이기 때문에 굉장히 좋을 수밖에 없다. 그러니 답변을 하면서 가끔은 웃긴 이야기를 하거나 웃음이 나올 때는 그냥 솔직하게 웃어도 좋다.

❸ So, you know, after going to the wedding and the dance... and he had a little drink.

확실히 외국인다운 스피킹 실력을 보여주는 부분이다. 아빠와 같이 결혼식에 갔다는 내용을 직접적으로 언급하지 않았다. 지금까지 계속했던 얘기는 결혼식에 관한 이야기가 아니기 때문이다. 그래서 여기서는 그냥짧게 after going to the wedding이라고만 언급했다. 그 뒤에도 그냥 and the dance라고 대충, 짧게만 언급했을 뿐이다. 앞에서 말했던 '아빠가 술을 마신 뒤 하는 사랑스러운 말들'에 집중하기 위해 결혼식 얘기는짧게, 대충 말한 것이다. '한 가지에 대해서만 말하기'를 지키려 하는 아주 좋은 모습이다.

❹ So, we got home and he, was, you know, he lives in a house where, it's, a little, you know, very poor.

이제 MP에서 말했던 '아빠는 술을 마시면 사랑스러운 말을 한다'에 대해 본격적으로 이야기하기 위해 아빠에 대해 약간의 설명을 덧붙였다. 여기서 주의할 점은 자칫 잘못해 아빠에 대해 너무 많이 설명하게 되면 MP와는 멀어질 수 있다는 것이다. 하지만 역시 이 외국인은 아빠에 관해 설명하는 부분도 짧게 말하고 넘어갔다.

❺ He doesn't have a lot of money, so he was just telling me how he's very proud of everything that I'm doing.

❻ You know, how I'm independent and able to, uh, you know, just, make it on my own.

여기서 바로 '간접 화법'이 쓰였다. 간접 화법이란 누군가가 말한 내용을 다른 사람에게 전달할 때, 말한 내용을 그대로 전달하지 않고 간접적으로 전달하는 것을 말한다. 영어로는 이렇게 쓸 수 있다.

CHAPTER 05 과거 경험

- And he was telling me…
- And he told me that…
- And he said that…

    And he was just **telling me** how amazing the concert was.
    그리고 그는 나에게 그 콘서트가 얼마나 놀라웠는지 말해주고 있었어요.

    And he was just **telling me** that he was so scared of quitting his job.
    그리고 그는 단지 그가 일을 그만두는 것이 너무 무섭다고 말하고 있었어요.

직접 화법은 He was like, "(현재 시제)"로 표현하지만 간접 화법은 이와 다르게 큰따옴표를 없애고 계속해서 과거 시제로 말을 한다. 간접 화법은 직접 화법보다 사용하기 어렵지만, 간접 화법을 사용하면 훨씬 더 높은 점수를 받을 수 있기 때문에 연습을 많이 하고 사용할 수 있도록 해보자. 먼저 직접 화법을 연습하고 마스터한 뒤에 간접 화법을 연습해야 한다.

❼ And **he told me that** he felt, um, **partly sorry** because he couldn't provide for me like **the best things in life**.

❽ And he was just telling me that he would always… he would always be proud of me **no matter what**.

---

❼번 문장에서도 간접 화법(he told me that)이 쓰였다. told me, telling me는 간접 화법의 비밀병기다. 간접 화법을 연습할 때 이렇게 told me, telling me를 사용해서 상대방이 어떤 말을 했는지를 설명하면 된다. 그리고 여기서는 아빠가 왜 미안한 마음을 갖고 있는지 설명하면서 partly sorry 표현을 사용했다. 그냥 sorry라고 해도 됐지만 조금 더 의미를 정확하게 나타내기 위해 partly '조금'을 넣어서 말했다. 그리고 여기서는 the best things in life '인생에서 가장 좋은 것들'이라고 과장법이 쓰였는데 이런 과장법도 사용할 수 있도록 연습을 해보자.

❽ no matter what은 '아무 이유 없이, 상관없이'란 의미로 선택의 여지가 없거나 상황이 변해도 결과나 행동이 변하지 않는다는 의미를 강조할 때 쓰면 좋다.

---

❾ And that you know, he tried his best and that he loved me whether I, you know, had um, whatever I chose to do in life, as long as I would do my best, he would be very proud of me.

계속해서 아빠가 하는 사랑스러운 말에 관해 이야기하고 있다. 정말 MP에서 말한 내용에서 벗어나지 않고 그 한 가지에 대해서만 집중해서 말하고 있다. 여기서 이제 아빠가 한 말을 마무리 짓고 다음으로 바로 결론을 말했다.

⑩ So, of course, I felt very you know, just **full of warmth** and happy to hear his words and him feeling proud of me.

아빠의 말을 듣고 자신의 기분이 어땠는지 말하면서 결론을 마무리 지었다. 여기 결론 부분에서는 full of warmth라는 꿀표현을 사용했다. 이 표현을 이용해서 이렇게 말할 수도 있다.

His words were **full of warmth**.
그의 말에는 따뜻함이 가득했다.

지금까지 외국인의 답변을 예시로 보면서 간접 화법을 어떻게 쓰면 되는지 알아보았다. '간접 화법'은 '직접 화법'보다는 살짝 더 업그레이드된 전략이라고 할 수 있다. 배우고 연습하기 어렵기 때문에 이 전략은 '계속 IH만 받는 학생들'에게 한번 활용해 보라고 추천하고 싶다. 지금 살펴본 이 답변에는 필러와 간접 화법이 많이 쓰였다. 오픽노잼 영상 '외국인 편 9 – AL 받을 수 있는 오픽노잼의 신상 전략: indirect quotation'의 마지막 부분에 답변에서 필러가 쓰인 부분과 간접 화법이 쓰인 부분에 하이라이트를 해 놓았다. 영상을 참고하면서 필러와 간접 화법을 어떻게 자연스럽게 쓰면 좋을지 연습해 보도록 하자.

CHAPTER

06

비교

01 오픽 comparison 끝판왕

 ## 비교 카테고리는 어떻게 답변해야 할까?

자, 이제는 드디어 오픽 질문 4가지 유형의 마지막인 비교 카테고리다. '비교'인 만큼 우리는 채점자에게 contrast '대조'를 확실하게 보여줘야 한다. 그렇다면, 우리는 대조를 어떻게 쉽게 보여줄 수 있을까? 바로 반의어를 많이 공부하는 것이다.

good ↔ bad
big ↔ small

집 질문으로 비교 카테고리 전략을 공부해 보자. 비교 카테고리의 MP는 무조건 현재 시제이다.

MP	• What? house • Feeling? good • Why? big
과거	• What? house • Feeling? bad • Why? small → *이렇게 MP와 확실한 대조를 보여줘야 한다.*
현재	• What? house • Feeling? good • Why? big → *MP 내용을 부연 설명함으로써 다시 한번 과거와 현재의 대조를 보여준다.*
결론	많은 학생들이 과거 이야기를 할 때 MP와 대조되는 내용이 아닌 아무 상관 없는 이야기를 한다. 그러면 답변이 깔끔하지 못하고 두 가지의 다른 답변이 돼버리기 때문에 듣는 사람에게 혼란을 줄 수 있다. 그러므로 우리는 대조 전략을 사용하여 답변을 깔끔하게 만드는 연습을 많이 하자.

가구 질문으로 비교 카테고리 답변해 보기

그렇다면, 이제 비교 카테고리 답변을 어떻게 하면 좋을지 함께 공부해 보도록 하자.

QUESTION

Chap06_01Q

Tell me about the furniture that you had in your childhood home. Was there anything different from the furniture that you have today? Describe to me what your home looked like at the time.

어린 시절 집에 있었던 가구에 대해 말해주세요. 요즘에 가지고 있는 가구와 다른 점이 있었나요? 그 당시 집이 어땠는지 설명해 주세요.

이런 가구 질문에 많은 학생들은 이렇게 답변을 시작한다. "나는 가구들이 많다." 이 문장을 영어로 만들어 보자. 학생들이 많이 사용하는 문장이다. 과연 어떤 문장이 가장 자연스러울까?

1. I have so many pieces of furniture at home.
2. I have bunch of furnitures.
3. I have enough furnitures.
4. I have many furnitures.
5. I have a lot of furniture.

정답은 5번이다. 학생들은 many(셀 수 있는 것)와 much(셀 수 없는 것)를 많이 헷갈려 한다. 이런 실수를 줄이는 방법이 바로 a lot of를 쓰는 것이다. a lot of는 셀 수 있는 것과 셀 수 없는 것 모두 사용 가능하니 어떤 것을 써야 할지 모르겠다면, 혹은 어떤 문법적인 실수도 하기 싫다면 이 a lot of 표현을 쓰는 것을 추천한다. 그럼, 나머지 1~4번 문장을 한번 고쳐보자.

1. I have so many pieces of furniture at home.
   이 문장은 문법적으로 완벽하나 pieces 단어가 이 상황과 맞지 않다.

2. I have bunch of furnitures. → I have a bunch of furniture.
   가구는 셀 수 없는 명사이기 때문에 furniture라고 해야 한다.

3. I have enough furnitures. → I have enough furniture.
   이 문장도 마찬가지로 가구는 불가산 명사이기 때문에 furniture라고 해야 한다. 하지만 이 문장에서 주의 깊게 봐야 하는 것은 바로 뉘앙스이다. enough는 어떤 것이 충분하다는 의미로 '가구가 너무 많아서 더는 필요 없다'라는 뉘앙스를 풍긴다.

4. I have many furnitures. → I have much furniture.
   many는 셀 수 있는 것과 함께 쓰이기 때문에 much로 바꿔야 한다.

여기서 다시 답변을 이어가 보자.

Take #1

MP	I have a lot of furniture. Like, a lot. 전 가구가 많아요. / 정말 많아요.

이렇게 말하면 내가 가진 여러 가지 가구들에 관해 모두 이야기해야 하므로 한 가지로 컨트롤할 필요가 있다. 이것은 우리가 앞에서도 많이 공부했었다. 그리고 여기서 꿀팁은 'Repeating 전략'을 쓰는 것이다. 즉, 내가 했던 말을 예시 답변처럼 한 번 더 반복해서 말하는 것이다. 이때는 필러 like를 함께 쓰면 좋다. 이렇게 반복해서 말하면 내가 전달하려는 메시지를 효과적으로 강조할 수 있고 스크립트가 없다는 느낌을 주기 때문에 나의 답변이 차별화될 수 있다.

Take #2

MP	I have a lot of furniture. Like, a lot. And so… To keep this answer short… I'll focus on a piece of furniture that I hate. I have this chair… And it's terrible because the cushion is crazy uncomfortable. 전 가구가 많아요. / 정말 많아요. / 그래서… / 이 답변을 간단하게 하기 위해… / 전 제가 싫어하는 가구 하나에 집중해 볼게요. / 전 이 의자가 있어요… / 쿠션이 너무 불편해서 끔찍해요.

And so와 같은 advanced 필러를 사용하여 자연스럽게 '짧게 한 가지만 이야기할게'라고 말하면서 답변을 이어 나가면 된다. 여기서 꿀팁은 침대나 소파는 너무 많은 학생들이 답변에서 말하기 때문에 조금 더 독특한 가구를 선택하는 것이 좋다. 여기 예시 답변의 MP를 정리해 보면 다음과 같다.

- **What?** chair
- **Feeling?** hate
- **Why?** cushion(uncomfortable)

Take #3

| 과거 | But in the past, when I was a kid (a child/young).
I loved my chair.
Because the cushion was super comfortable.

하지만 예전에, 제가 어렸을 때는 / 제 의자가 좋았어요. / 쿠션이 너무 편했거든요. |

이제 과거로 넘어가 보자. 방금 말했던 것처럼 과거는 MP에서 말한 것과 대조를 보여주면서, '그 의자에 앉으면 일어나기 싫었다', '너무 편안해서 잠이 올 정도였다', '비싼 의자라서 너무 좋았다' 등의 추가 예시 까지 보여주면 된다.

- **What?** chair
- **Feeling?** love
- **Why?** cushion(comfortable)

Take #4

| 현재 | But these days…
It's totally different. (=It's a completely different story.)
I absolutely hate my chair.
I think it's the world's most uncomfortable chair.
It's not soft at all.
I don't know why I bought such an uncomfortable chair.
I must've been crazy.
I shouldn't have bought the chair.

하지만 요즘은… / 완전히 달라요. (= 전혀 다른 이야기예요.) / 제 의자가 너무 싫어요. / 세상에서 가장 불편한 의자라고 생각해요. / 전혀 부드럽지 않아요. / 왜 그렇게 불편한 의자를 샀는지 모르겠어요. / 제가 미쳤었나 봐요. / 그 의자를 사지 말았어야 했어요. |

다시 MP 내용으로 돌아와서 답변을 이어간다.

- **What?** chair
- **Feeling?** hate
- **Why?** cushion(uncomfortable)

여기서 꿀팁은 나의 감정과 설명을 과장할 수 있는 표현을 함께 사용하면 좋다.

I hate my chair. → I **absolutely** hate my chair
                I **really** hate my chair.
It's not soft. → It's not soft **at all**.

02 오픽 비교 질문들이 머릿속을 하얗게 만드나요?

 ## 잠깐, 묘사 카테고리와 과거 경험 카테고리 공부하고 왔나요?

비교 카테고리 전략은 4가지 유형 중 가장 마지막에 공부하는 것이 좋다. 그 이유는 비교 카테고리 전략이 묘사 카테고리와 과거 경험 카테고리 전략들을 합친 것이기 때문이다. 본격적으로 비교 카테고리 전략을 알아보기 전에 질문을 먼저 살펴보자. 콤보 세트에서 비교 카테고리 질문은 '시간 비교' 질문이다. '과거에는 어땠는데 현재는 이렇다'는 식으로 시간의 흐름에 따라 변화한 것들을 비교해서 말하는 것이다. 그렇다면, 시간 비교 질문은 어떻게 답변해야 할까? 앞에서 배웠던 답변 전략을 다시 한번 살펴보자.

▶ 비교 답변 전략

MP	• What? 내가 말하고 싶은 내용 (한 가지) • Feeling? 그것에 대해 어떻게 느끼는지 혹은 의견 • Why? 왜 그렇게 느끼는지 이유를 설명 👉 현재에 집중해서 내가 말하고자 하는 것, 어떻게 느끼는지, 그렇게 느낀 이유까지 이 3가지가 모두 포함되어야 한다.
과거	MP에서 말한 내용과 연관된 과거 이야기 👉 여기서 주의할 점은 MP에서 말했던 내용과 분명한 대조를 보여줘야 한다는 것이다. 이렇게 답변하면 자연스럽게 비교를 보여주게 된다. 그렇기 때문에 극명한 차이를 나타내주는 것을 MP로 말하는 것이 좋다.
현재	다시 현재로 돌아와 MP에서 말했던 내용을 이어 말하기 👉 MP에서 말했던 내용을 다시 말하므로 내가 전달하고자 하는 내용이 명확해지고 또 한 번 과거에서 말했던 내용과 대조를 보여주기 때문에 자연스럽게 비교를 다시 보여주게 된다.
결론	MP에서 말했던 내용을 1~2문장 정도로 간단하게 마무리

이제, 예문을 통해 시간 비교 질문은 어떻게 답변하면 좋을지 알려주겠다.

> **X**
>
> You know, I find that homes are just so different compared to the past these days because of their lighting system, right?
> It's just so phenomenal.
>
> 과거와 현재의 집들을 비교하면 정말 달라요. 조명 때문인 것 같아요. 정말 놀라워요.

이 예문은 MP에서부터 과거 이야기를 하며 과거와 현재를 비교했다. 물론 이렇게 하는 게 무조건 잘못된 방법은 아니다. 다만 이 방법은 일상 대화에서는 괜찮지만, 오픽 시험에서는 추천하지 않는다. 오픽 시험에서는 나의 메시지를 정확하게 전달하는 게 중요하기 때문에 과거와 현재를 계속 비교하는 것보다는 과거 얘기를 하지 않고 현재에 대해서만 말하는 것이 더 깔끔한 답변이 될 수 있다.

예시 답변

MP	❶ What I really find interesting about homes these days is that their lighting technology is just so phenomenal. *why · what · feeling*
과거	❷ You know, homes before didn't really have interesting lighting systems at all. ❸ I mean, to be point blank, you couldn't even adjust the brightness level. ❹ So, I found that quite boring.
현재	❺ But wow, the lighting system these days is a completely different story. ❻ I mean, new homes now are set up with these lighting systems where you can actually adjust the brightness level. ❼ I find that quite intriguing.
결론	❽ I mean, that's why I absolutely love homes with new lights.

❶ 요즘 집에 관해 흥미로운 점은 조명 기술이 놀랄 만하다는 것이에요. ❷ 과거에는 전혀 흥미로운 조명 시스템이 없었어요. ❸ 단도직입적으로 말하자면 밝기 조절을 할 수 없었어요. ❹ 그래서 꽤 지겹기도 했죠. ❺ 하지만, 와, 요즘 조명은 완전 달라요. ❻ 요즘 새로운 집들은 밝기를 조절할 수 있게 해 놓았어요. ❼ 정말 흥미로워요. ❽ 그래서 저는 새로운 조명이 있는 집을 정말로 좋아합니다.

❶ What I really find interesting about homes these days is that their lighting technology is just so phenomenal.

이 MP는 과거에 관해 이야기하지 않으면서도 phenomenal '아주 좋은'이라는 단어를 사용해 현재 조명 기술이 좋다는 것을 MP로 굉장히 깔끔하게 말하고 있다. 비교 질문에 답변할 때 계속해서 '차이점과 유사점', '현재와 과거'를 비교하는 내용을 말하다 보면 말하는 나도 헷갈리고 듣는 채점자도 헷갈릴 수밖에 없다. 그러니 비교 질문의 MP는 현재에 관해서만 이야기하는 연습을 하자. 그리고 나서 뒷부분에 과거 이야기를 하면 된다. 과거 이야기를 하는 부분은 과거 경험 카테고리 전략과 비슷하다.

❷ You know, homes before didn't really have interesting lighting systems at all.
❸ I mean, to be point blank, you couldn't even adjust the brightness level.
❹ So, I found that quite boring.

MP에서 조명 이야기를 했기 때문에 과거 설명 부분에도 조명 이야기를 해야 한다. 그런데 여기서 '직접 화법' 전략을 사용해도 될까? 직접 화법 전략은 좋은 점수를 받게 해주는 전략이지만 여기서는 사용하지 않는 게 좋다. 직접 화법 전략을 사용하면 대답이 너무 길어지기 때문이다. 여기서는 너무 길지 않게 과거 이야기를 하고 다음 부분엔 현재 이야기를 하면 된다. 물론 당연히 이 부분에서도 계속 이야기했던 조명에 관해서 이야기를 하면 된다.

❺ But wow, the lighting system these days is a completely different story.
❻ I mean, new homes now are set up with these lighting systems where you can actually adjust the brightness level.
❼ I find that quite intriguing.

'과거에는 조명의 밝기를 조절할 수 없었지만, 현재는 조절할 수 있다.' 이렇게 현재는 어떤지 깔끔하게 말하면 된다. 여기에서 중요한 점은 과거와 현재를 상반되게 말해서 대조를 보여줘야 한다는 것이다. 예를 들면, '검은색과 흰색' 그리고 '검은색과 회색' 중 어느 것이 더 비교를 잘하는 것처럼 보일까? 당연히 '검은색과 흰색'일 것이다. 이렇게 답변하다 보면, 자연스레 'MP와 과거', '과거와 현재' 이렇게 두 번의 비교를 보여주게 된다. 예전에는 유사점을 말해도 좋고 간단한 차이점을 설명해도 상관이 없다고 했다. 하지만 학생들이 이렇게 답변하려니 포인트 잡기도 어렵고 답변의 질이 많이 떨어진다는 것을 느꼈다. 그래서 영어를 어느 정도 잘하는 수준(AL 이상)이 아니라면 이 방법은 추천하진 않는다. 물론 AL 점수를 받았고 더 높은 수준의 OPI 시험을 준비하는 학생이라면 이 전략을 써도 좋다. 하지만 우리는 OPI 시험을 준비하는 것이 아니기 때문에 과거와 현재를 상반되게 답변해서 대조를 잘 보여줄 수 있도록 연습하자.

8 I mean, that's why I absolutely love homes with new lights.

결론 부분은 이렇게 MP에서 말했던 내용을 1~2문장 정도로 간단하게 마무리하면 된다.

비교 카테고리 답변 전략은 묘사 카테고리 답변 전략과 과거 경험 답변 전략을 합한 것과 동일하다. 따라서, 묘사 카테고리와 과거 경험 카테고리를 먼저 공부하라고 했던 것이다. 이렇게 묘사와 과거 경험 카테고리를 모두 공부한 뒤에 비교 카테고리를 공부하면 훨씬 더 효과적이고 시간을 단축할 수 있어서 좋다.

03 날씨 콤보 세트, IH vs AL 도대체 뭐가 달라?

IH를 AL로 바꾸는 팁!

날씨 주제 질문은 이렇게 답변해 보자.

문제 듣기

Chap06_02Q

QUESTION

How has the weather in your country changed over the years? What was the weather like when you were a child? How was it different from what it is like now?

당신 나라의 날씨는 몇 년 동안 어떻게 변했나요? 당신이 어렸을 때는 날씨가 어땠나요? 지금과는 어떻게 달랐나요?

학생 답변

MP	❶ Weather in Korea… *↱ what* ❷ You know, I watched the news this morning. ❸ It said we have tons of fine dust in the air. ❹ This is just a disaster. *↳ why* ❺ Can you imagine? *↳ feeling* ❻ How can I live with this much dust?
과거	❼ You know, in the past, I think even… 3 years ago, it wasn't like that. ❽ Basically, we won't worry about air condition thing. ❾ And we were able to do anything outside.
현재	❿ But these days, basically, we can't do anything outside. ⓫ We just, you know, if you just stand outside for only a few minutes, you can feel all the dust in your mouth. ⓬ This is just awful.
결론	⓭ And I don't know if this will be better or not, but hopefully this will be handled very soon.

❶ 한국 날씨… ❷ 오늘 아침에 뉴스를 봤어요. ❸ 뉴스에서 그러던데 미세먼지가 엄청 많대요. ❹ 이건 재앙이에요. ❺ 상상이나 할 수 있나요? ❻ 어떻게 이 많은 미세먼지 속에서 살 수 있을까요? ❼ 있잖아요, 예전에는, 3년 전까지만 해도… 이 정도는 아니었어요. ❽ 기본적으로, 우리는 공기 상태를 걱정할 필요가 없을 거예요. ❾ 그리고 우리는 밖에서 어떤 것도 할 수 있었어요. ❿ 하지만 요즘엔 기본적으로 우린 밖에 아무것도 할 수 없어요. ⓫ 우리가, 아니, 당신이 밖에 몇 분만 서 있어도 입에서 먼지를 느낄 수 있어요. ⓬ 정말 끔찍해요. ⓭ 그리고 이게 더 좋아질지 아닐지 모르겠지만, 바라건대 빠른 시일 내에 잘 처리되었으면 해요.

Useful Expressions

❸ fine dust 미세 먼지 | ❹ disaster 재앙 | ⓬ awful 끔찍한 | ⓭ hopefully 바라건대

1 Weather in Korea…

2 You know, I watched the news this morning.

시작이 너무 좋았다. 이 학생은 질문에 있는 단어 weather를 언급하면서 다음에 말할 내용을 생각하고 있다.

2번 문장에서는 IHU 15 질문이 아님에도 불구하고 뉴스를 자연스럽게 언급하였다. 이 문장은 이 학생이 그 자리에서 바로 생각해서 답변을 했다는 것을 잘 보여준다. 또한 이제 그 뉴스에 대해 설명하며 답변을 이어갈 것처럼 보인다. 만약, 이 질문이 IHU 15였더라도 똑같이 답변해도 된다. 뉴스를 언급한 것은 정말 좋은 전략이었다.

---

3 It said we have tons of fine dust in the air.

4 This is just a disaster.

5 Can you imagine?

이 학생은 미세 먼지에 관해 이야기하고 있다. 질문을 다시 보면, 날씨에 관해 묻고 있다. 예전에는 이렇게 날씨 질문에 환경 문제점을 이야기해도 괜찮았다. 하지만 요즘은 날씨 질문에 환경과 관련된 이야기를 하는 것은 추천하지 않는다. Weather 주제와 Environment problem 질문이 따로 나오기 때문이다. 그래서 날씨 질문에 환경 이야기를 하면 질문을 잘못 이해했다고 판단하여 점수가 내려갈 수도 있으니 유의하도록 하자. 참고로, 집 관련 질문에는 동네 이야기를 하지 않는 것을 추천한다. 집 주제와 동네 주제가 따로 나오기 때문이다.

3번 문장에서 쓰인 tons of find dust는 좋은 표현이나 IH 수준의 표현이다. 이 표현을 AL 수준으로 바꿔보면 다음과 같다.

- We have a serious find dust problem. `AL`
- We **are starting to** have a serious find dust issue. `AL+`
  심각한 미세 먼지 문제가 있어요.

AL+ 문장에서는 be starting to '~하기 시작하다'라는 구문을 사용하여 문장을 더 구체적으로 만들어 주고 있다. 이런 표현을 추가해서 답변하면 꽤 원어민처럼 들린다.

4, 그리고 disaster라는 감정을 나타내는 단어를 쓰면서 말을 이어 나가고 있다. disaster 대신 tragedy '비극', terrible '끔찍한'이라는 단어를 써도 좋다.

5번 문장에서는 '수사적 질문'을 하여 Ava를 끌어들이고 있다.

❻ How can I live with this much dust?

앞에서 뉴스에 대해 말했지만 그것에 대한 본인의 경험으로 아주 자연스럽게 넘어가고 있다. 하지만 이 문장도 IH 수준이다. AL 수준으로 바꿔보면 다음과 같다.

How am I supposed to live with this much fine dust?
이렇게 미세먼지가 많은데 어떻게 살아야 하나요?

두 문장 모두 비슷한 의미이지만, ❻번 문장은 '미세먼지가 많은 상황에서 어떻게 살아갈 수 있는지'에 대한 것이라면 예문은 '미세먼지가 많을 때 어떻게 살아야 하는지'에 대한 의문이나 불편함을 나타낸다.

이 질문이 비교 카테고리임을 생각해 보면, 이 학생은 완전한 현재형 MP로 아주 깔끔하게 대답하였다.

- **What?** 현재의 날씨 문제
- **Feeling?** 재앙
- **Why?** 미세 먼지가 너무 많기 때문에

❼ You know, in the past, I think even… 3 years ago, it wasn't like that.

때때로 이런 비교 카테고리 질문에서 Identify the similarities or the differences. '유사점이나 차이점을 찾으세요'라고 물어보는데, 우리는 이런 단어들을 직접적으로 언급할 필요가 없다. 이 학생은 MP는 현재로 답변하고, 여기서는 in the past 표현을 사용하여 과거로 답변하면서 similarities 또는 differences 단어를 직접적으로 언급하지 않으면서 자연스럽게 대조를 보여주었다.

⑧ Basically, we won't worry about air condition thing.

이 부분에서 큰 실수를 했다. 직전 문장에서 과거에 대해 말하고 있었기 때문에 시제를 바꿔주어야 한다.

We didn't have to worry.
우리는 걱정할 필요가 없었어요.

또한 air condition이라는 표현도 잘못 사용하였다. 에어컨에 대해 말하려는 것처럼 들리기 때문이다. 따라서 air quality라고 하는 것을 추천한다.

- We never really had to worry about air quality. `AL`
  우리는 공기의 질에 대해 걱정할 필요가 없었다.
- We went outside pretty much worry-free. `AL+`
  우리는 꽤 걱정 없이 밖으로 나갔다.

AL+ 문장에서는 앞에서 사용했던 worry를 한 번 더 다른 형태로 말함으로써 아주 효과적으로 강조했다.

⑨ And we were able to do anything outside.

무슨 말을 하려고 했는지는 알겠지만 명확하지 않았다. 이 문장을 이렇게 말하는 것을 추천한다.

And we were able to freely go outside without having to wear a mask.
그리고 우리는 마스크를 쓰지 않고도 자유롭게 밖으로 나갈 수 있었어요.

이 문장에서는 마스크를 언급하면서 MP인 미세먼지에 대해 명확하게 이야기하였다.

또한 이 학생이 여기서 놓친 한 가지는 바로 감정이다. 이렇게 감정까지 추가할 수 있다.

And we were able to freely go outside without having to wear a mask.
Oh, and this was just amazing.
그리고 우리는 마스크를 쓰지 않고도 자유롭게 밖으로 나갈 수 있었어요. / 오, 그리고 이건 정말 놀라웠어요.

⑩ But these days, basically, we can't do anything outside.

⑪ We just, you know, if you just stand outside for only a few minutes, you can feel all the dust in your mouth.

⑫ This is just awful.

이제 다시 현재로 넘어왔다. 여기서는 아래와 같은 디테일이 추가되면 좋다.

> But these days, basically, we can't do anything outside **without having to worry about fine dust**.
>
> 하지만 요즘엔, 기본적으로 우린 미세먼지 걱정 없이는 밖에서 아무것도 할 수 없어요.

⑪번 문장에서는 실수했음을 깨닫고 you know 필러를 사용해 다시 문장을 이어갔다. 아주 잘했다. 만약 말을 잘못해서 고쳐야 한다면 이렇게 필러를 사용해 고치면 된다.

⑫번 문장에서는 감정 단어를 잘 사용하였다. 그리고 특히 잘한 점은 awful만 사용한 것이 아니라 just를 붙여 사용했다는 점이다. 항상 강조하지만 just는 AL 단어이다.

⑬ And I don't know if this will be better or not, but hopefully this will be handled very soon.

좀 더 자연스럽게 바꿔보면,

And I don't know if this will get better or not, but hopefully this will be **resolved** very soon.
그리고 이것이 나아질지 아닐지는 모르겠지만, 이것이 곧 해결되기를 바랍니다.

영상에서는 이런 식의 일반적인 결론보다는 좀 더 독특하고 창의적으로 말하면 더 높은 점수를 받을 수 있는 확률이 올라갈 것이라고 했다. 하지만, 매번 독특하게 결론짓기는 너무 힘들고 이런 창의적인 결론이 점수에는 큰 영향을 주지 않는다는 것을 발견했다. 그래서 가능하다면 약간의 유머를 추가하는 것이 좋긴 하지만, 이런 일반적인 결론도 너무 좋으니 상황에 따라 본인에게 맞는 결론을 내려보도록 하자. 여기서는 어떻게 독특한 결론을 내릴 수 있는지 보여주겠다.

And you know what?
I'm really just getting sick and tired of wearing masks, all the time.
If this keeps up, I'm gonna be forced to move out of this country. AL+
그리고 있잖아요? / 저는 항상 마스크를 쓰는 것이 정말 지겨워요. / 이대로 계속 가다가는 전 이 나라를 떠나야 할 거예요.

 꿀팁! 속도 조절하기
일반적으로 내가 생각하지 못한 질문이 나왔을 때는 어떻게 답변해야 할지 생각하며 말하기 때문에 초반부에는 천천히 말한다. 그리고 후반부에서는 어느 정도 구조화되었기 때문에 말하는 속도가 빨라진다. 반대로 내가 준비하고 암기했던 질문이 나오면 어떻게 할까? 내가 외운 답변이기 때문에 잊어 버리지 않기 위해 답변 초반에 말하는 속도가 빠르고, 필러도 넣지 않게 되며 뒤로 갈수록 스크립트 내용을 잊어버려서 속도가 느려지게 된다.
내가 이 답변을 미리 준비해서 외우지 않았다는 것을 보여주기 위해서는 답변 속도도 잘 생각해서 연습해야 한다. 기억하자. 아무리 내가 미리 연습했던 준비한 질문이 나왔더라도 답변 초반부터 속도를 빠르게 말하지 않고 천천히 말해야 한다.

04 비교 질문 답변은 어떻게 할까요?

 비교 질문은 어떻게 답변할까?

QUESTION

문제 듣기

Chap06_03Q

Think about what you did during your free time as a child. Do you have more free time now than when you were a child? Tell me about your free time now compared to when you were a child.

어렸을 때 자유 시간에 무엇을 했는지 생각해 보세요. 어렸을 때보다 지금이 더 자유 시간이 많나요? 어렸을 때와 비교해서 지금 자유 시간에 대해 말해주세요.

과거

❶ Um, alright, I think I didn't do anything much when I was a child during my free time.

❷ And, um, at that time, I really liked to stay at home and relax.

❸ And my mom was usually like, "Rachel, did you do your homework?!" or "Rachel, clean your room!"

❹ Whenever I had free time, she always nagged at me to do something more productive.

❺ And, um, I found it so annoying.

❻ And I never understood why she wouldn't let me be.

현재

❼ But now, I have more freedom from my mom.

❽ And, um, whenever I have free time, I really like to go to the movies.

❾ And, um, luckily, there's a movie theater nearby my home.

❿ And I think I'm starting to get old now because I don't feel like going too far.

⓫ You know what I mean.

결론

⓬ And, um, I'm not sure if I have more free time now as an adult but what is for certain is that I have, definitely, more freedom from my mom's nagging.

❶ 음, 알겠어요. 저는 어렸을 때는 자유 시간에 많은 것을 하지 않았던 것 같아요. ❷ 그리고, 음, 그 당시엔, 집에서 쉬는 것을 좋아했어요. ❸ 엄마는 "레이첼, 너 숙제했니?" 혹은 "레이첼, 방 청소해!"라고 하셨죠. ❹ 제가 자유 시간을 보낼 때마다, 엄마는 항상 무언가 더 생산적인 일을 하라고 잔소리를 하셨어요. ❺ 그리고, 음, 너무 짜증이 났어요. ❻ 그리고 왜 엄마는 저를 가만히 두지 않았는지 이해하지 못했어요. ❼ 하지만 지금은, 엄마에게서 자유를 얻었어요. ❽ 그리고, 음, 전 쉴 때마다, 영화 보러 가는 것을 진짜 좋아해요. ❾ 그리고, 음, 다행스럽게도, 우리 집 근처에 영화관이 있어요. ❿ 요즘 나이를 먹는 것 같아요. 왜냐하면 멀리 가고 싶지 않거든요. ⓫ 제 말이 무슨 말인지 알죠. ⓬ 그리고, 음, 어른으로서 자유 시간이 더 많이 있는지는 모르겠지만, 확실한 것은 엄마의 잔소리로부터 확실히 벗어났다는 거예요.

Useful Expressions

❶ I didn't do anything much 많은 것을 하지 않았다 | ❹ nag 잔소리하다 | ❹ productive 생산적인 | ❻ let me be 혼자 내버려 두다 | ❽ go to the movies (영화관에) 영화를 보러 가다 | ⓬ what is for certain 확실한 것은

❶ Um, alright, I think I didn't do **anything much** when I was a child **during my free time.**

나는 지금까지 비교 카테고리 질문에 MP는 현재 이야기로 말하고 그다음에 과거 이야기를 하라고 했다. 하지만 여기서 이 학생은 자신만의 답변 구성 방식을 택했다. 영상에서는 영어를 어느 정도 잘하는 학생이라면 이렇게 답변해도 상관없다고 말했다. 하지만 이렇게 과거를 바로 이야기하면 '과거와 현재'의 대조를 한 번밖에 보여주지 못하기 때문에 임팩트가 없다. 그래서 꼭 나의 전략 'MP(현재)−과거−현재−결론'을 따라 하길 바란다.

anything much는 의문문이나 부정문에 사용하며 어떤 것을 강조할 때 쓰는 표현이다. 이 표현은 어디든 사용할 수 있고, 사용하면 그다음 문장이 매우 자연스러워지는 효과가 있다. anything much는 all that much와 비슷한 표현이니 번갈아 가면서 사용해도 좋다.

> I went to Japan last year and, you know, I didn't do **anything much**.
> All I did was eat.
> 저는 작년에 일본에 다녀왔어요. 많은 것을 하지는 않았어요. / 오직 먹기만 했어요.

그리고 여기서 during my free time이라고 했는데 이 표현도 물론 좋지만 whenever I had free time이라고 하는 게 더 자연스럽기 때문에 이렇게 하는 것을 더 추천한다.

> Um, alright, I think I didn't do anything much when I was a child **whenever I had free time**.
> 음. 좋아요. 어렸을 때는 시간이 날 때마다 아무것도 안 한 것 같아요.

---

❷ And, um, **at that time,** I really liked to stay at home and relax.

여기서 이 학생은 '그 당시에'라는 표현을 at that time이라고 하는 실수를 했다. 요즘 외국인들도 at that time을 많이 사용하는 추세지만, 한국 사람들은 너무 at that time만 사용한다. 때문에 at that time 대신 at the time이라고 하는 것을 추천한다. 또한 during those times '그 당시 동안에는', back then '그 당시에는'을 써도 좋다.

- at the time
- during those times
- back then

❸ And my mom was usually like, "Rachel, did you do your homework?!" or "Rachel, clean your room!"

❹ Whenever I had free time, she always nagged at me to do something more productive.

❸번 문장에서는 책에서 많이 언급했던 '직접 화법'을 아주 자연스럽고 능숙하게 사용했다.

그리고 ❹번 문장에서 이 학생은 사실 영상에도 나와 있듯이 I had my free time이라고 했었다. 내가 나의 자유 시간을 갖는 건 너무 당연한 일이다. 다른 사람의 자유 시간을 갖는 건 말이 안 된다. 그렇기 때문에 여기에는 my를 빼고 그냥 I had free time이라고 하는 게 좋다. 그리고 여기에 nagged '잔소리하다', productive '생산적인'도 아주 좋은 단어들이므로 알아 두었다가 답변을 할 때 사용하도록 하자.

❺ And, um, I found it so annoying.

❻ And I never understood why she wouldn't let me be.

여기서는 어떤 감정을 느꼈는지 잘 표현해 주었다. 오픽에서는 자신이 느낀 감정과 기분을 표현하는 것이 매우 중요하기 때문에 굉장히 잘한 부분이라고 말할 수 있다. 그리고 I found it '나는 ~라고 느꼈다', 이것도 아주 좋은 표현이니 익혀두었다가 사용하면 스피킹에 능숙한 고수같이 보일 수 있다.

그리고 계속해서 같은 내용을 말하고 있다. 처음엔 직접 화법을 사용해서 엄마가 말했던 내용을 설명하고, 지금은 본인이 어떻게 느끼는지 그 감정을 더 설명하고 있다.

❼ But now, I have more freedom from my mom.

❽ And, um, whenever I have free time, I really like to go to the movies.

'영화를 보러 간다'고 말할 때, 많은 학생들은 go to the movie theater라고 말한다. 이렇게 말하는 것도 괜찮지만 go to the movies라고 말하는 게 훨씬 더 자연스럽게 들린다. 앞으로는 영화를 보러 간다고 말할 때 이 표현을 써보자.

And, um, whenever I have free time, I really like to **go to the movies**.
전 쉴 때마다, 영화 보러 가는 것을 좋아해요.

⑨ And, um, luckily, there's a movie theater nearby my home.

⑩ And I think I'm starting to get old now because I don't feel like going too far.

luckily를 사용해서 디테일적인 부분을 잘 살려주었다. 그리고 그 바로 뒤 문장은 원어민 수준의 문장이었다. 특히 그중에서도 I'm starting to '~하기 시작하다'는 아주 좋은 표현이다. 과거로 얘기할 때는 이렇게 말하면 된다.

- **I decided to go somewhere.** 나는 어딘가를 가기로 했다.
- **I decided to do this.** 나는 이것을 하기로 했다.

그런데 만약 계속 진행 중인 것을 나타낼 때는 어떻게 표현하면 좋을까? 바로 이 학생이 사용한 I'm starting to 표현을 쓰면 좋다. 너무 좋은 표현이므로 많이 연습하고 적절하게 쓸 수 있도록 하자.

그리고 I don't want to go too far. 이 아닌 I don't feel like going too far. 로 더 자연스럽게 자신의 감정을 표현한 점이 좋았다. 내가 느낀 것을 나타낼 땐 아래와 같은 표현을 쓰면 된다.

- **I feel like...** 나는 ~하고 싶다
- **I don't feel like...** 나는 ~하고 싶지 않다
- **I felt like...** 나는 ~하고 싶었다
- **I didn't feel like...** 나는 ~하고 싶지 않았다

⑪ You know what I mean.

You know what I mean. 은 '무슨 말인지 알지? / 이해하지? / 알잖아.'라는 의미로 내가 지금 하는 말을 Ava에게 인정받고자 하는 문장이다. 마치 Ava와 대화를 하는 듯한 느낌을 줄 수 있다.

⑫ And, um, I'm not sure if I have more free time now as an adult but what is for certain is that I have, definitely, more freedom from my mom's nagging.

이제 결론 부분이다. 이 부분은 앞에서 말했던 '엄마의 잔소리'를 굉장히 자연스럽게 다시 언급했다. 만약 대답을 마무리하는 게 아직 어렵다면, 앞에서 말했던 내용을 다시 한번 말해보도록 하자. 예를 들어, 무언가를 정말 싫어한다고 앞에서 말했다면 결론에서는 아직도 그것을 싫어하는지, 아니면 전보다는 조금 좋아졌는지에 대해 말하는 것이다. 이런 식으로 결론을 말한다면, 더 강력하고 특별하게 마무리를 할 수 있다.

MEMO

05 오픽/영어 실력 향상을 쉽게! 문법 꿀팁

 ## AL을 받을 수 있는 시작과 답변 구조

학생들을 어떤 것을 나열할 때 first, second, third와 같은 표현을 쓴다.

> **X**
>
> Oh, I have many things to say.
> First, blah, blah, blah…
> **Second, blah, blah, blah…**

이런 식으로 답변을 하면 굉장히 뻣뻣하게 들리고 스크립트가 있는 것처럼 보인다. 여러 번 강조했지만, 오픽 시험을 볼 때는 '나는 지금 스크립트가 없고, 이 자리에서 바로 생각해서 말하는 중이다'는 것을 보여주어야 한다. 그럼 어떻게 답변하면 좋을까?

> **GOOD!**
>
> Well, I think…
> I'm going to start talking about this first.
> And then I'll tell you what I'm going to talk about next.
>
> 음. 제 생각에는… / 이것에 대해 먼저 이야기를 시작할게요. / 그리고 나서 다음에 무엇에 대해 이야기할 것인지 말하겠습니다.

이런 식으로 구성하면 답변 흐름이 물 흐르듯이 자연스럽게 들릴 것이다. 이런 현재와 과거를 비교하는 시간 비교 질문에서도 마찬가지로 자연스러운 표현을 써서 답해야 한다. 그럼, 이제 외국인은 어떻게 비교 질문에 답변하는지 살펴보도록 하자.

문제 듣기

Chap06_04Q

QUESTION

Gatherings have changed over the years. How were they in the past and how are they now? What are the differences and the similarities?

모임은 많은 시간 동안 변화해 왔습니다. 과거에는 어땠고 현재는 어떤가요? 차이점과 유사점이 무엇인가요?

 외국인 답변

❶ Ah, alright.

❷ I got this one.

❸ This is an easy one.

❹ I thought you were going to ask me a difficult one.

❺ Alright, well, I think… first let me start with the similarities.

❻ Um, I think, overall, we gather and we have gatherings out of necessity.

❼ The differences are that, however, in the past, we gathered out of a physical necessity.

❽ We gathered to survive, uh, to work together so that we can increase the number of years that we would live.

❾ So that we can increase the amount of food that we have.

❿ And, overall, live better lives.

⓫ And I think over time that evolved to be more spiritual.

⓬ Or we gathered to be more connected.

⓭ Things like that.

⓮ Um, even today, uh, when we think about gatherings, we gather in kind of a digital space.

⓯ In kind of a digital space.

⓰ And even that is ultimately because we have this need to in some way connect to something bigger than ourselves.

⓱ Even if it's just as simple as a discussion.

⓲ And, uh, overall, I think that's why…

⓳ Gatherings… no matter what time period you live in… in some way, they'll always have some way to be important.

❶ 아, 알겠어요. ❷ 아무것도 아니에요. ❸ 쉬워요. ❹ 어려운 질문을 할 줄 알았어요. ❺ 좋아요, 제 생각에는… 먼저 유사점부터 시작할게요. ❻ 음, 전반적으로 우리는 필요에 따라 모임을 한다고 생각해요. ❼ 하지만, 차이점은 과거에는 신체적 필요에 의해서 모였다는 거예요. ❽ 살아남기 위해서, 어, 우리가 오랫동안 살기 위해 함께 일하려고 모였어요. ❾ 우리가 가진 음식의 양을 늘리기 위해서요. ❿ 그리고 전반적으로 더 나은 삶을 위해서요. ⓫ 그리고 이건 시간이 지남에 따라 더 정신적으로 진화했다고 생각해요. ⓬ 아니면 좀 더 가까워지려고 모였거나. ⓭ 이와 같은 것들이에요. ⓮ 오늘날에도, 모임에 대해 생각하면, 우리는 약간 디지털 공간 같은 곳에서 모여요. ⓯ 디지털 공간. ⓰ 그리고 궁극적으로 우리가 어떤 면에서 우리 자신보다 더 큰 무언가와 가까워질 필요가 있기 때문이에요. ⓱ 토론처럼 간단하더라도요. ⓲ 그리고 전반적으로, 그래서… ⓳ 모임이… 어느 시대이든… 어떻게 보면 항상 중요시될 거예요.

Useful Expressions

❷ I got this one. 쉽네요, 혼자 할 수 있겠어요 | ❻ out of necessity 필요에 의해서 | ❼ physical 신체적인 | ❿ live better lives 더 나은 삶을 살다 | ⓫ evolve 진화하다 | ⓭ things like that 이와 같은 것들 | ⓰ ultimately 궁극적으로 | ⓰ in some way 어떤 점에서는, 어떻게 보면

CHAPTER 06

비교

① Ah, alright.

② I got this one.

③ This is an easy one.

④ I thought you were going to ask me a difficult one.

⑤ Alright, well, I think… first let me start with the similarities.

⑥ Um, I think, overall, we gather and we have gatherings out of necessity.

이 외국인이 답변하는 모습을 영상에서 보면 답변을 웃으면서 시작했다. 이렇게 웃으면서 답변을 하면 굉장히 자신감 있어 보이고 자연스럽게 보인다. 계속해서 IH만 받는 사람들은 혹시 자신의 억양이 로봇 같지는 않은지 생각해 보길 바란다. 로봇같이 딱딱한 억양은 좋은 점수를 받을 수 없다. 억양을 자연스럽게 들리게 하고 싶으면 웃으면서 답변을 해보자. 그럼 답변이 훨씬 더 좋아질 것이다.

⑥ 문장에서는 overall을 초반 부분에 사용했음에도 불구하고 MP를 확실히 전달했다. 하지만 이렇게 답변하는 것은 외국인이기 때문에 가능한 것이다. 개인적으로는 답변의 결론 부분에 사용하는 것을 추천한다. overall을 초반 부분에 사용하는 건 쉽지 않기 때문이다. 그리고 let me start with the similarities. 라고 말한 뒤에 MP를 말했다. 늘 말했지만, MP는 시작 부분에 말해야 한다.

> Well, I think… people gather and have gatherings out of necessity.
> I think… OK, let me start with the similarities.
> In the past…
> 음, 제 생각에는… 사람들은 필요에 의해 모이고 모임을 갖는 것 같아요. / 제 생각엔… 네, 유사점부터 시작하겠습니다. / 과거에는…

이런 식으로 MP를 시작 부분에 말하면 훨씬 더 좋은 답변이 될 수 있다. 그리고 **⑥** 문장에서 굉장히 놀라운 점은 gather와 gathering을 합쳐서 말했다는 것이다.

- **일반적인 학생들:** People **gather** out of necessity. 사람들은 필요에 의해 모여요.
- **외국인:** We **gather** and we have **gatherings**. 우리는 모이고 모임을 가져요.

이렇게 비슷한 단어를 두 가지로 말하는 방식은 채점자에게 '나는 문법 실력이 높고 어휘 실력도 높다'라는 것을 어필할 수 있는 좋은 전략이다.

> **커피숍** I think people **went to** coffee shops. ↱ 이렇게 짧게 말하는 대신
> → I think people **went to** and **have gone to** coffee shops in the past…
> 예전엔 사람들이 커피숍을 갔던 것 같아요…

이런 식으로 의미가 비슷한 went to와 have gone to를 합쳐서 문장을 조금 더 길게 말하는 것이다. 사실 went to와 have gone to는 의미상 크게 차이가 없다. 하지만 비슷한 두 표현을 반복함으로써 '나는 과거 문법과 현재 완료 문법을 둘 다 쓸 줄 안다' 또는 '나는 스크립트가 없다'라는 모습을 보여주어 채점자에게 좋은 인상을 줄 수 있다.

> **패션** In Korea, I think many people, you know, like to **wear** and are **wearing** safe colors because they don't want to attract too much attention (to themselves).
> 한국에서는 (자신에게) 너무 많은 관심이 집중되는 걸 원치 않아서 안전한 색을 입는 것 같아요.

이렇게 wear와 wearing을 함께 문장에서 사용하는 것이다. 꼭 한 문장에 두 단어를 말할 필요는 없다. 이렇게 두 단어를 같이 사용함으로써 문장을 길게 만드는 것이 IH 학생이 AL로 올라갈 방법이기도 하다. 앞에서 추가 정보를 넣으면서 문장을 길게 말하는 방법이 AL을 받을 방법이라고 했는데 이렇게 두 단어를 합쳐서 사용하면서 문장을 길게 하는 연습도 해보자.

---

⑦ The differences are that, however, in the past, we gathered out of a physical necessity.
⑧ We gathered to survive, uh, to work together so that we can increase the number of years that we would live.
⑨ So that we can increase the amount of food that we have.
⑩ And, overall, live better lives.
⑪ And I think over time that evolved to be more spiritual.
⑫ Or we gathered to be more connected.
⑬ Things like that.

이 답변은 전체적으로 정말 놀라운 수준의 답변이다. 정말 좋은 점이 많은데 그중에서도 AL을 받을 수 있는 포인트를 집어 보자면 바로 과거 이야기를 할 때는 과거 이야기만 하고, 현재 이야기를 할 때는 현재 이야기만 한다는 것이다. 많은 학생은 과거 이야기를 했다가 현재 이야기를 하고, 공통점을 말했다가 차이점을 말한다. 이렇게 번갈아 가며 이야기를 하면서 시간을 낭비한다. 그리고 이렇게 번갈아 가면서 이야기를 하다 보면 당연히 답변의 내용이 헷갈릴 수밖에 없다. 이와 달리, 이 외국인은 과거 이야기를 할 때는 과거 이야기만 했기 때문에 답변의 내용을 따라가기 쉽고, 답변 자체도 굉장히 간단하고 좋았다. 그리고 또 좋았던 점은 과거 이야기를 하다가 over time이란 표현을 쓰고 현재 이야기로 넘어간 점이다. 이런 식으로 답변을 해서 굉장히 좋은 답변 구조가 되었다.

⑭ Um, **even today**, uh, when we think about gatherings, we gather in **kind of** a digital space.

⑮ In **kind of** a digital space.

⑯ And even that is ultimately because we have this need to in some way connect to something bigger than ourselves.

⑰ Even if it's just as simple as a discussion.

이제는 현재 이야기를 시작하는 부분이다. 현재 이야기를 시작하면서 even today라고 했는데 여기서 키 포인트는 even '심지어'이다. 과거와 현재를 연결하기 위해 even을 사용했다. 이 뒤에도 kind of '약간, 뭐 그런' 표현을 사용해서 문장의 퀄리티를 더 높여주었다. 그러면 여기서 아까 배운 내용을 응용해 본다면 이렇게 문장을 만들 수 있다.

We **gather** and **have gatherings** in **kind of** a digital space.
우리는 일종의 디지털 공간에서 모이고 모임을 가져요.

한 번 더, 일반적인 대화를 예로 들어 '감기에 걸렸다'는 예문으로 설명하겠다.

I have a cold. 감기 걸렸어.
↓
I think I have a cold. 감기 걸린 것 같아.
↓
I think I **kind of** have a **bit of** a cold. 나 약간 감기 걸린 것 같아.

이렇게 할 수 있다. 이런 식으로 몇 개의 단어들을 문장 안에 넣어서 잘 활용하면 문장의 의미가 훨씬 더 정확해지고, 유창해 보일 수 있다.

---

⑱ And, uh, overall, I think that's why...

이제 결론 부분이다. 과거 이야기를 계속하다가 현재 이야기로 넘어오고 결론으로 마무리하는 놀라운 답변의 구조를 보여주었다. 그리고 좋았던 점은 마무리할 때, 그냥 overall이라고 하지 않고 And, uh, overall, I think that's why...라고 한 점이다. 여기서도 and나 uh, I think와 같은 단어들을 사용해서 표현을 좀 더 자연스럽게 만들어 주었다.

⑲ Gatherings... no matter what time period you live in... in some way, they'll always have some way to be important.

여기서는 두 가지 배울 점이 있다. 첫 번째는 no matter what이라는 표현이다. no matter what은 '분명히, 상관없이, ~일지라도, 무슨 일이 있어도'라는 뜻인데 모임은 상황과 시간에 상관없이 항상 중요할 것이라는 의미로 사용했다. 이 표현을 커피숍 이야기에 사용하면 이렇게 쓸 수 있다.

IM **No matter what**, coffee shops will always be popular in Korea.
무슨 일이 있어도 한국에서는 커피숍이 항상 인기가 많을 것이다.

두 번째로 배울 점은 in some way '어떻게 보면'이다. 이 표현 또한 사소해 보이지만, 사용하면 AL을 받을 수 있는 표현이다. IH 학생들은 보통 이렇게 결론을 지을 것이다.

IH You know, gatherings will always be important.
모임은 항상 중요할 거예요.

하지만 AL 학생은 이렇게 결론을 짓는다.

AL You know, gatherings **in some way** will always be important.
어떻게 보면 모임은 항상 중요할 거예요.

이렇게 사소한 표현을 넣느냐 안 넣느냐가 바로 IH와 AL의 차이를 만든다. 그러므로 이런 단어들을 문장에 넣어서 문장의 퀄리티를 높이고 AL을 받을 수 있도록 해보자.

꿀팁! **답변하는 도중 단어를 틀리게 말했거나 알맞은 단어를 썼는지 자신이 없다면?**
이때는 알맞은 단어를 추가로 말해주면 된다. 예를 들어, 이렇게 말해야 하는데
• It's kind of like the boonies. 약간 시골 같아요.
It's kind of boony. 라고 했을 경우, 뒤에 You know, the countryside. 라고 추가 설명을 말하면 된다.
→ It's kind of boony, you know, the countryside.
이렇게 뒤에 추가로 설명해 주도록 한다. 어려운 단어를 배워서 꼭 쓰고 싶다면 설명할 수 있는 쉬운 단어와 함께 공부하는 것이 좋다.

CHAPTER

07

롤플레이

01 오픽이 어려워졌다고?
이 영상으로 자신감 뿜뿜!

점점 어려워지는 오픽에 대비하려면?

지금까지는 오픽에 실제로 출제되는 질문을 4가지 유형으로 나누어서 유형별로 자세히 공부해 보았다. 이번에는 콤보 세트 질문들과는 조금 다른 질문을 살펴보자. 바로 '롤플레이' 질문이다. 롤플레이는 말 그대로 주어진 상황에 맞춰서 연기하듯이 답변하는 것이다. 질문에는 3~4개의 질문을 하라고 나오지만 나의 전략은 그냥 3개의 질문만 하는 것이다. 영상에서는 STEP 5로 설명했지만, 책에서는 조금 더 쉽게 STEP 4로 설명하겠다. 나의 롤플레이 11번 전략은 다음과 같다. 바로 Yes-Yes-Yes이다. 여기서 Yes는 Yes or No 질문으로 하라는 것이 아니다. '긍정적인 반응'으로 상황을 이어 나가라는 것이다. 먼저 간단히 어떤 상황인지 설명하고 상대방에게 질문을 하는 것이다. 여기서 중요한 것은 나의 질문에 상대방 말이 긍정적인 반응이어야 한다는 것이다. 여기서 부정적인 반응이 나오면 다음 질문을 이어가기 어렵기 때문이다. 그리고 나서 나의 반응(리액션)을 하고 추가 설명을 하면 된다. 여기서 추가 설명은 선택 사항으로 넣어도 좋고 안 넣어도 좋다.

▶ 롤플레이 11 전략

STEP 1	대충 내용 설명
STEP 2	**첫 번째 질문** ├ 질문 → 질문에 대한 긍정적인 반응이어야 한다! ├ 상대방 말 ┐ ├ 반응 ┘ 순서는 상관없음 └ 추가 설명 → 가능하다면 넣고, 안 넣어도 좋다
STEP 3	**두 번째 질문** ├ 질문 → 질문에 대한 긍정적인 반응이어야 한다! ├ 상대방 말 ┐ ├ 반응 ┘ 순서는 상관없음 └ 추가 설명 → 가능하다면 넣고, 안 넣어도 좋다
STEP 4	**세 번째 질문** ├ 질문 → 질문에 대한 긍정적인 반응이어야 한다! ├ 상대방 말 ┐ ├ 반응 ┘ 순서는 상관없음 └ 추가 설명 → 가능하다면 넣고, 안 넣어도 좋다

어려워진 롤플레이 11번 질문에 대답하는 전략

– STEP 4로 해결하기

QUESTION

문제 듣기

Chap07_01Q

Your friend just took his first dance lesson. You are also considering taking it as well. Ask your friend 3 or 4 questions about his first class to see if you should sign up with him.

친구가 방금 첫 댄스 수업을 받았습니다. 당신도 그 수업을 듣는 것을 고려하고 있습니다. 친구에게 첫 수업에 대해 3가지 또는 4가지 질문을 하고 함께 등록하는 게 좋을지 알아보세요.

학생 답변

STEP 1 대충 내용 설명	❶ So, Jay, I heard that you had your first day of dance lessons.
STEP 2 첫 번째 질문	❷ Like, what type of dance was it? → 질문 후, 상대방 말을 듣는 척 ❸ Oh, hip hop dance? → 상대방 말 ❹ Really? → 반응 ❺ I've always wanted to learn hip hop dancing. → 추가 설명
STEP 3 두 번째 질문	❻ How many times do you go there in a week? → 질문 후, ❼ Oh, three times a week? → 상대방 말　　　상대방 말을 듣는 척
STEP 4 세 번째 질문	❽ Wow, maybe I should come with you? → 질문 후, 상대방 말을 듣는 척 ❾ What?! You're gonna pay for me too?! → 상대방 말 ❿ I have no excuse not to come! → 반응 ⓫ Yeah, definitely, call me tomorrow! → 추가 설명

❶ 제이, 첫 댄스 수업 들었다면서. ❷ 어떤 댄스였어? ❸ 힙합 댄스? ❹ 정말? ❺ 나도 힙합 댄스 배우고 싶었는데. ❻ 일주일에 몇 번이나 가? ❼ 일주일에 세 번? ❽ 나도 같이 갈까? ❾ 뭐?! 내 돈도 내준다고?! ❿ 안 갈 이유가 없네! ⓫ 응, 물론이지. 내일 전화해!

Useful Expressions

❶ dance lesson 댄스 수업 | ❾ pay for someone ∼를 위해 돈을 내주다 | ❿ excuse 핑계

STEP 1: 대충 내용 설명

① **So, Jay, I heard that you had your first day of dance lessons.**

답변의 첫 부분이자 전략의 첫 스텝이다. 여기서 중요한 포인트는 바로 '대충'이다. 정말 대충 설명하면 된다. 그래서 이 부분도 지금 딱 한 문장으로 내용을 설명하고 있다. 대충 설명하지 않고 길게 말하면 오히려 손해를 보는 상황이 생길 수도 있다. STEP 1은 다음에도 반복적으로 사용하는 게 아닌 답변 시작 부분에 한 번만 사용하면 된다.

STEP 2: 첫 번째 질문

② **Like, what type of dance was it?**
③ **Oh, hip hop dance?**
④ **Really?**
⑤ **I've always wanted to learn hip hop dancing.**

질문
②번 문장은 대충 내용을 설명한 뒤, 첫 번째 질문을 한 것이다. 그리고 나서 상대방이 실제로 말하는 것처럼 약간의 시간을 두고 상대방의 말을 듣는 척을 해야 한다.

상대방 말
③, 여기서는 첫 번째 질문을 한 뒤, 상대방이 이렇게 말했다는 것을 보여주기 위해 상대방이 한 말을 다시 말해야 한다. 이렇게 하면 더 대화하는 모습을 보여줄 수 있기 때문이다. 상대방 말에서 주의할 점은 긍정적인 답변을 하는 것이다. 이 학생은 어떤 종류의 춤이었냐고 묻는 답변에 힙합 댄스라고 말했다. 이렇게 대화를 자연스럽게 이어갈 수 있는 긍정적인 답변이다. 만약 여기서 "힙합 댄스라고 생각했는데 아니었어." 이렇게 부정적인 반응이 나오면 안 된다는 것이다. 그럼 답변을 계속 이어가기 어렵기 때문이다. 그리고 여기서 그냥 hip hop dance? 라고 하지 않고 앞에 Oh를 붙였다. 아주 좋은 방법이다. Oh 외에도 다양한 감탄사를 써보자.

- Huh?
- What?
- Hah,
- Whoa,

반응
④번 문장은 상대방의 말에 대한 나의 반응이다. 이 부분은 아주 짧지만 중요한 부분이다. IH에서 AL로 가기 위해서는 다양한 어조를 보여주어야 한다. 계속 길게만 말하지 않고 어떨 때는 짧게 말하면서 리듬을 다

양하게 보여주는 게 더 좋다. 이 부분에서 Really? 라고 말함으로써 딱딱하게 들리지 않고 자연스럽게 들릴 수 있다. Really? 외에 다양한 표현을 알아보고 사용해 보자.

- Are you serious?
- For real?
- Oh, yeah?
- That's interesting.
- Oh, really?

추가 설명

❺번은 추가 설명을 하는 부분이다. 이는 꼭 필요한 건 아니기 때문에 상황에 따라 넣어도 좋고 안 넣어도 괜찮다. 이 학생은 상대방이 말한 것에 대해 본인은 어떻게 생각하는지를 말했다. 너무 자연스러운 답변이다.

STEP 3: 두 번째 질문

❻ How many times do you go there in a week?
❼ Oh, three times a week?

질문

❻. 여기서 두 번째 질문을 던지면 된다. 그런데 지금 상황은 친구가 댄스 수업에 '처음' 간 상황이기 때문에 이렇게 살짝 바꿔보자.

How often are you thinking about going?
얼마나 자주 갈 생각이야?

상대방 말

❼번 문장에서는 상대방의 말을 다시 반복해서 말했다. 하지만, 여기 STEP 3에서는 상대방 말에 대한 나의 '반응'이 빠졌다. 그리고 추가 설명까지 넣어서 예문을 만들어 주겠다.

How often are you thinking about going? 얼마나 자주 갈 생각이야? → 질문
Oh, three times a week? 아, 일주일에 세 번? → 상대방 말
Oh, yeah? 정말? → 반응
I think that's something I could do as well! 나도 할 수 있을 거 같아! → 추가 설명

STEP 4: 세 번째 질문

⑧ Wow, maybe I should come with you?

⑨ What?! You're gonna pay for me too?!

⑩ I have no excuse not to come!

⑪ Yeah, definitely, call me tomorrow!

질문
❽번 문장은 마지막으로 세 번째 질문을 해주는 부분이다.

상대방 말과 반응
❾번 문장에서는 세 번째 질문을 던진 뒤, 반응을 하고 상대방의 말을 반복했다.

추가 설명
❿, **⓫** 이런 식으로 롤플레이 답변을 준비하면 전혀 스크립트 느낌이 나지 않고 훨씬 더 자연스럽게 보일 수 있다.

MEMO

02 아따 오픽 롤플레이 겁나 어려워졌네, 그래도 뿌시는 방법은 있소!

 어려워진 롤플레이 12번에 대답하는 전략?

- 문제를 해결할 수 있는 두 가지 제안!

이번엔 롤플레이 12번 질문에 대해 알아보자. 롤플레이 12번은 11번보다 조금 더 어려운 질문이다. 11번 상황에서 어떤 문제가 발생하고, 그 문제를 해결해야 하는 것이다. 롤플레이 12번 질문은 기본적인 답변 방식이 있다. 질문에는 2~3가지 대안을 제시하라고 하지만, 우리는 2가지 대안만 제시하면 된다. 롤플레이 11번과 차이는 단순한 질문이 아닌 문제 해결을 위한 제안을 해야한다는 것이다. 그리고 첫 번째 제안의 반응은 무조건 NO! 이어야 한다. 그리고 두 번째 제안의 반응은 YES! 이다. 이렇게 전략을 세운 이유는 첫 번째 제안에 반응이 YES! 이면 이어서 두 번째 제안을 하는 것이 어렵기 때문이다. 만약 롤플레이 질문이 돈과 관련된 질문일 경우에는 예전부터 다뤘던 롤플레이 돈 관련 질문 전략을 따라 하면 된다. 이 전략은 오픽노잼 유튜브 채널에 있는 롤플레이 재생목록에서 볼 수 있다. 하지만 돈 관련 질문이 아닌 더 어려운 질문일 경우 단순하게 전략을 사용하는 게 아닌 두 가지 질문을 말하면서 프리스타일로 답변을 해야 한다. 어쨌든 롤플레이 12번의 목표는 무슨 일이 있어도 문제를 해결하는 것이다. 그럼 지금부터 롤플레이 12번 질문의 전략을 알아보자.

> **▶ 롤플레이 12 전략**

STEP 1	대충 내용 설명
STEP 2	**첫 번째 제안** — 질문 — 상대방 말 – NO ┈ 순서는 상관없음 — 반응 — 추가 설명 → 가능하다면 넣고, 안 넣어도 좋다
STEP 3	**두 번째 제안** — 질문 — 상대방 말 – YES ┈ 순서는 상관없음 — 반응 — 추가 설명 → 가능하다면 넣고, 안 넣어도 좋다

QUESTION

You decided to take dance lessons together with your friend. To your great disappointment, it was actually quite boring and you want to leave. Tell your friend about it and give 2 to 3 alternatives.

당신은 친구와 함께 댄스 레슨을 받기로 했습니다. 실망스럽게도, 너무 지루했고, 수업을 그만 듣고 싶습니다. 친구에게 그것을 말하고 2~3가지 대안을 말해주세요.

 학생 답변

STEP 1 대충 내용 설명	❶ Yeah, well, I don't know about this class. ❷ It's not what I expected before I came.
STEP 2 첫 번째 제안	❸ So… can we just go now? ❹ Oh, no? ❺ That's your mother?! ❻ Seriously?!
STEP 3 두 번째 제안	❼ OK, then, um… let me think… um… how about, uh, we tell her that I'm not feeling well… so you have to take me out to the hospital or something? ❽ Would that work for you? ❾ Yeah? ❿ OK, thank you, let's go!

❶ 음, 글쎄. 이 수업 잘 모르겠어. ❷ 내가 오기 전에 기대했던 게 아니야. ❸ 그래서 말인데… 우리 그냥 가도 될까? ❹ 뭐라고? ❺ 너희 음, 글쎄. 엄마라고?! ❻ 진짜야?! ❼ 음… 그럼 어떻게 하지… 어머니한테 내가 몸이 안 좋다고 말하는 게 어떨까? 그래서 네가 날 병원에 데려다줘야 한다고 하는 거야. ❽ 괜찮을 것 같아? ❾ 그래? ❿ 좋아, 고마워, 가자!

Useful Expressions

❷ what I expected 내가 예상했던 것 | ❻ seriously? 정말로? 진짜야? | ❼ how about ~하는 건 어때 | ❼ I'm not feeling well 몸이 안 좋아 | ❽ Would that work for you? 괜찮을 것 같아?

STEP 1: 대충 내용 설명

❶ Yeah, well, I don't know about this class.

❷ It's not what I expected before I came.

답변의 첫 시작 부분이다. 간단하게 상황을 설명하고 있다. 이 수업에 대해 이야기하면서 자신이 그 수업에 특정한 기대를 했었지만, 지금은 전에 생각했던 것과는 아주 다르다고 말해주었다. 그리고 여기서 좋은 것은 I don't know 표현이다. 아마 이 표현을 모르는 사람이 없을 정도로 많이들 알고 있는 표현일 것이다. I don't know는 내가 무언가를 모른다는 것을 말할 때 사용하면 좋다.

STEP 2: 첫 번째 제안

❸ So... can we just go now?

❹ Oh, no?

❺ That's your mother?!

❻ Seriously?!

제안

❸. 문제 해결을 위한 첫 번째 제안을 던졌다.

상대방 말

❹번 문장은 첫 번째 제안을 하고 나서 상대방의 대답을 보여준 것이다. 이때, 주의할 점은 상대방의 말은 무조건 NO! 라는 것이다. 그렇기 때문에 여기서도 Oh, no? '안된다고?'라고 말했다. 그리고 상대방의 말에 대한 반응을 보여줄 때 Oh를 사용해 보자. 매우 간단하게 나의 감정을 잘 보여줄 수 있는 단어이다. Oh, no 와 그냥 No에는 차이가 있다. Oh가 들어가면 자신의 감정을 답변에 더 잘 담을 수 있기 때문에 사용하는 연습을 해보길 바란다. 그리고 이어서 **❺**번 문장에서는 상대방이 No 외에 어떤 말을 더했는지 보여주고 있다.

반응

❻번은 상대방 말에 대한 나의 반응이다. 이 학생은 첫 번째 제안을 한 뒤 상대방이 한 말을 반복하면서 답변을 잘 이어 나가고 있다. 여기서 주의할 점은 Seriously를 말할 때 발음에 신경을 써야 한다는 것이다. 영상을 보면서 Seriously 발음을 연습해 보자. 어쨌든, 여기까지가 첫 번째 질문을 끝내는 방법이다.

STEP 3: 두 번째 제안

---

❼ OK, then, um… let me think… um… how about, uh, we tell her that I'm not feeling well… so you have to take me out to the hospital or something?

❽ Would that work for you?

❾ Yeah?

❿ OK, thank you, let's go!

제안

❼ OK, then, um… let me think… um…은 첫 번째 제안을 끝낸 뒤에 두 번째 제안을 생각하고 있는 모습이다. 첫 번째 제안을 끝내고 바로 두 번째 제안을 하는 것이 아닌 이 상황에 대해서 진지하게 생각하는 모습을 보여줬다. 그리고 바로 이 문제를 어떻게 해결하면 좋을지 두 번째 제안을 했다. '내가 아프다고 하면서 네가 날 병원에 데려간다고 하면 되겠지?'라고 제안하였다.

❽ 그리고 이어서 바로 아주 구체적인 질문(Would that work for you?)으로 다시 확인한다. 이제 이 스킬을 배웠으니 롤플레이 12번 질문에 활용할 수 있도록 하자.

상대방 말

여기서 이 학생은 상대방의 말을 반복해서 하지 않았다. 반응을 보여주기 전에 상대방이 한 말을 먼저 보여주는 것이 좋다. 그래서 답변을 살짝 고치면 이렇다.

> OK, then, um… let me think… um… how about, uh, we tell her that I'm not feeling well… so you have to take me out to the hospital or something?
>
> Would that work for you?
>
> **That works for you?** → 상대방 말
>
> Yeah?
>
> OK, thank you, let's go!

반응

❾ 앞에 말했던 두 번째 제안에 대한 상대방의 말을 듣고 거기에 대한 자신의 반응을 보여주는 부분이다. 여기서 Yeah는 '진짜?'라는 의미이다.

추가 설명

❿ 마지막 추가 설명을 하면서 답변을 마무리했다.

03 오픽 RP13 끝판왕

 ## 롤플레이 13번은 어떻게 답변해야 할까?

우리는 지금까지 롤플레이 11번과 12번을 배웠다. 롤플레이 13번은 11, 12번과는 다르게 주어진 상황에서 역할극을 하는 것이 아닌 그 상황과 비슷했던 나의 경험에 대해 말하는 것이다. 그렇다면, 우리가 배웠던 4가지 카테고리 중에 어디에 속할까? 바로 과거 경험 카테고리이다. 때문에 과거 경험 카테고리 전략과 동일하게 답변하면 된다. 하지만 여기 살짝 다른 부분이 있다. 그건 바로 롤플레이 13번은 어떤 상황을 해결한 경험에 대해 물어본다는 것이다. 우리는 그 문제를 해결했던 경험이 있다면 해결했다고 답변하면 되고 반대로 해결하지 못했다면 솔직하게 해결하지 못한 경험을 이야기하면 된다. 롤플레이 13번 질문을 한번 살펴보자.

QUESTION

문제 듣기

Chap07_03Q

That's the end of the situation. Have you ever gone on a beach trip that was affected by bad weather or some kind of unexpected problem? Tell me about the things that did not go as you had expected. Tell me everything that happened.

이것으로 상황극이 종료되었습니다. 해변으로 여행을 갔는데 안 좋은 날씨 또는 예상치 못한 문제를 만난 적이 있나요? 예상과 다르게 흘러갔던 경험이 있다면 말해주세요. 무슨 일이 일어났는지 모두 말해주세요.

이 질문은 안 좋은 날씨에 대해 물어봤다. 그렇다면 우리는 무조건 안 좋은 날씨에 관해서 답변해야 할까? 아니다. 이건 질문에서 준 예시일 뿐 안 좋은 날씨에 대해 말해도 좋고 다른 예상치 못한 문제에 관해 말해도 괜찮다. 여기서 주의할 점은 문제점과 해결책을 말해야 한다는 것이다. 아까도 말했듯이 롤플레이 13번은 과거 경험 카테고리이기 때문에 과거 경험 카테고리 전략을 쓰면 된다. 그리고 과거 시제를 틀리지 않도록 꼭 과거 시제 관련 문법을 공부해야 한다.

MP	• What? 내가 말하고 싶은 내용 (한 가지) • Feeling? 그것에 대해 어떻게 느끼는지 혹은 의견 • Why? 왜 그렇게 느끼는지 이유를 설명 문제에 대해 말하기
본론	MP에서 말했던 이야기를 설명하기 – 직접 화법 전략(Direct Quotation Strategy) 사용하기
결론	MP에서 말했던 내용을 1~2문장 정도로 간단하게 마무리

롤플레이 13번, 즉 과거 경험 카테고리에 답변할 때 가장 중요한 것이 MP이다. 학생들이 MP를 만들기 가장 어려워하는 부분이기도 하다. 그래서 이번엔 MP 위주로 공부를 해보도록 하자. 똥, 방귀 관련 재밌는 롤플레이 13번 예시 답변은 CHAPTER 09. 꿀팁에서도 확인할 수 있다.

MP에는 What, Feeling, Why 3가지가 꼭 들어가야 한다고 계속 말했다. 그리고 연습할 때는 MP를 20초 안에 말하도록 해야 한다. 연습할 때 MP를 20초 안으로 말하면 실제 시험장에 가서는 30초 정도의 시간이 걸릴 것이다. 때문에 우리는 꼭 20초 안에 MP를 말하도록 연습을 많이 해야 한다. What, Feeling, Why 순서는 상관없지만 MP를 20초 안에 말하는 게 너무 어렵다면 What, Why, Feeling의 순서도 바꿔서 연습하는 것을 추천한다. 이렇게도 연습해 보면서 본인에게 맞는 방법을 찾길 바란다. 음식 관련된 예시를 통해 MP 만드는 방법 두 가지를 더 자세히 알아보자.

1. 첫 번째 MP 만드는 방법: What – Feeling – Why

• **What?** Shake Shack

> I usually go to Shake Shack.
> It's a burger joint. (*joint: 프랜차이즈 햄버거 가게)
> 저는 보통 쉐이크쉑에 가요. / 햄버거 프랜차이즈입니다.

• **Feeling?** love

> And you know what? I absolutely love **that** place. 대명사 연습
> 그리고 있잖아요? 전 정말로 그곳을 좋아해요.

• **Why?** scrumptious

> The reason is very simple. Their burgers are just so scrumptious.
> 이유는 간단해요. 햄버거가 엄청 맛있거든요.

2. 두 번째 MP 만드는 방법: What - Why - Feeling

- **What?** Shake Shack

  I usually go to Shake Shack.
  저는 보통 쉐이크쉑에 가요.

- **Why?** scrumptious

  Because their burgers are just so scrumptious,
  햄버거가 엄청 맛있거든요.

- **Feeling?** love

  I really love that joint.
  전 정말로 그곳을 좋아해요.

이렇게 두 가지 모두 연습해 본 후 본인에게 더 맞는 방식을 선택하길 바란다.

MEMO

CHAPTER

08

IHU 14, 15

01 IHU 14 time 끝판왕

 ## I Hate You 14, 대체 LI 뭐꼬?

IHU란, I Hate You의 줄임말로 한국말로도 답변하기 어려운 질문이 나오기 때문에 내가 만든 표현이다. IHU 14번에는 두 가지 종류의 비교 질문이 나온다. 하나는 time-based의 시간을 비교하는 질문이 나오고 다른 하나는 non-time의 시간을 비교하는 것이 아닌 A와 B를 비교하는 질문이 나온다. 이건 한국말로도 답변하기 어려운 정말 고급 수준의 질문이다. 권장 답변 시간은 1분 30초이다. 먼저, 시간 비교 카테고리를 살펴보자. 우리는 이미 비교 카테고리 전략에 대해 배웠었다.

▶ 비교 답변 전략

MP	• What? 내가 말하고 싶은 내용 (한 가지) • Feeling? 그것에 대해 어떻게 느끼는지 혹은 의견 • Why? 왜 그렇게 느끼는지 이유를 설명 👉 현재에 집중해서 내가 말하고자 하는 것, 어떻게 느끼는지, 그렇게 느낀 이유까지 이 3가지가 모두 포함되어야 한다.
과거	MP에서 말한 내용과 연관된 과거 이야기 👉 여기서 주의할 점은 MP에서 말했던 내용과 분명한 대조를 보여줘야 한다는 것이다. 이렇게 답변하면 자연스럽게 비교를 보여주게 된다. 그렇기 때문에 극명한 차이를 나타내주는 것을 MP로 말하는 것이 좋다.
현재	다시 현재로 돌아와 MP에서 말했던 내용을 이어 말하기 👉 MP에서 말했던 내용을 다시 말하므로 내가 전달하고자 하는 내용이 명확해지고 또 한 번 과거에서 말했던 내용과 대조를 보여주기 때문에 자연스럽게 비교를 다시 보여주게 된다.
결론	MP에서 말했던 내용을 1~2문장 정도로 간단하게 마무리

IHU 14 (time) 질문은 어떻게 답변할까?

IHU 14번 시간 비교 질문도 콤보 세트 비교 카테고리 질문과 같은 전략을 쓰면 된다. 그런데 왜 우린 IHU 14번이 더 어렵다고 느낄까? 확실한 이유가 하나 있다. 아래 질문을 보자.

- 콤보 세트 비교 질문

What is your home like now? What was your home like 5 to 10 years ago? How is it different from your current home?

지금 당신의 집은 어떤가요? 5년에서 10년 전에 당신의 집은 어땠나요? 지금 당신의 집과 어떻게 다른가요?

- IHU 14 질문

Homes have changed a lot over the years. How were they five to ten years ago and how are they now? What are some characteristics of these homes?

집들은 시간이 흐름에 따라 많이 변화해 왔습니다. 5~10년 전의 집들은 어땠고, 지금의 집들은 어떤가요? 이러한 집들에 어떠한 특징들이 있나요?

IHU 14번은 주로 사회와 일반 사람들에 관한 질문을 물어본다. 다시 말해, 직접적으로 '나'에 대해 물어보는 질문이 아니라는 것이다. 때문에 콤보 세트 비교 질문보다 IHU 14번 시간 비교 질문이 더 어렵다고 느껴지는 것이다. 예전 영상에는 '사람들'에 관해 물어보는 질문에 답변할 때는 '나'로 컨트롤하는 전략을 알려주었다. 나의 감정을 보여주는 것이 훨씬 쉽기 때문이었다. 하지만 요즘은 점수 받기가 아주 까다로워졌다. 그래서 이 전략도 살짝 바꿔보았다.

'사람들'에 관해 물어보는 질문은 그 사람들에 대해 말하고 그 사람들의 감정에 집중해서 답변하는 것이다. 여기서 IH와 AL의 차이점이 나온다. 보통 IH 학생들은 나의 감정은 잘 보여주지만 다른 사람의 감정은 잘 보여주지 않는다. 하지만 AL 학생들은 나의 감정뿐만 아니라 다른 사람의 감정까지도 잘 보여준다. 예를 들어, '요즘에는 집들이 너무 비싸다. 그래서 우리는 그게 너무 싫다.'와 같이 나의 감정이 아닌 일반 사람들의 감정을 말해주는 것이다. 그리고 people, we, us와 같은 사람들을 의미하는 대명사를 많이 써야 한다. 더 질 좋은 답변을 위해 사람들의 감정을 보여주는 연습을 많이 하도록 하자. 이는 오픽은 물론 영어 회화 실력 향상에도 아주 도움이 될 것이다.

그렇다면 무조건 사람들에 대해서만 말해야 하는 걸까? 물론 사람들에 대해 이야기하면서 아주 살짝 '나'의 이야기를 할 수는 있다. 하지만, 여기서 주의할 점은 다시 '사람들'로 돌아와야 한다는 것이다. 전략을 열심히 공부한 학생들은 벌써 눈치챘을 수도 있다. 이건 바로 묘사와 습관 카테고리 전략에서 알려줬던 '빠른 비교 전략(Quick Comparison Strategy)'과 아주 비슷하다.

IHU 14 (time)을 한국어로 답변 연습해 보기

시간 비교 전략에 대해서는 비교 카테고리에서 많이 다뤘기 때문에 여기서는 약간 다른 방식으로 공부를 해보도록 하겠다. 이 학생은 일반적인 대화를 잘 이어갈 수 있을 정도의 영어 실력을 가지고 있지만 긴장을 많이 한 탓에 답변을 끝까지 마무리 짓지 못했다. 그래서 먼저 한국어로 MP만 답변하도록 했다.

문제 듣기

Chap08_01Q

QUESTION

Homes have changed a lot over the years. How were they five to ten years ago and how are they now? What are some characteristics of these homes?

집들은 시간이 흐름에 따라 많이 변화해 왔습니다. 5~10년 전의 집들은 어땠고, 지금의 집들은 어떤가요? 이러한 집들에 어떠한 특징들이 있나요?

Take #1

MP	❶ 옛날에는 사람들이 집(주택)에서 많이 살았는데, 지금은 학교나 편리성 때문에…

한국말로 답변했음에도 불구하고 이 학생은 답변의 시작을 과거 이야기로 시작했다. 비교 전략을 다시 한번 살펴보면, MP 부분에는 무조건 '현재'에 관해서만 말하라고 했다. 때문에 이 학생의 MP 시작은 좋지 못했다.

Take #2: MP는 현재 이야기만 해야 한다는 것을 알고 나서 다시 한번 MP를 연습

MP	❶ 지금은 사람들이 아파트에 많이 살아요. ❷ 하지만 예전에는…

두 번째로 연습한 MP를 보자. 여기도 완벽한 MP가 아니다. 바로 Feeling과 Why가 빠졌기 때문이다.

Take #3: 완벽한 MP 말하기

MP	❶ 현재는 사람들이 아파트에 많이 살아요. ❷ 왜냐하면 편리하기 때문에 사람들이 (아파트를) 선호합니다.

세 번째로 연습한 MP는 완벽한 MP였다.

- **What?** 현재 사람들은 아파트에 많이 산다
- **Feeling?** 아파트를 선호한다(좋아한다)
- **Why?** 편리한 것들이 많기 때문에

이렇게 MP를 완벽하게 말했다면, 이어서 과거 이야기를 하면 된다. 여기서 중요한 점은 MP(현재)에서 말했던 내용과 확실한 대조를 보여줘야 한다는 것이다.

과거　　❸ 과거에는 아파트가 아닌 시골에 살아서 불편한 점이 많았어요.

아파트와 시골은 깔끔한 대조를 보여주기 힘들기 때문에 아파트와 주택의 비교를 보여주는 것을 추천한다. 과거 부분은 이런 흐름으로 답변을 이어가면 좋다.

> 과거에는 아파트가 아닌 주택에서 많이 살았어요.
> 불편한 점들이 많았습니다.
> 그래서 사람들이 너무 싫어했어요.
> (주택에 사는 것에 관한 추가 내용 설명)

현재　　❹ 그래서 요즘에는 사람들이 아파트에 사는 경우가 많아졌어요.

과거 이야기를 했다면, 다시 현재로 돌아와 MP에서 말한 '현재는 사람들이 아파트에 많이 산다'는 내용으로 더 설명해 주면 된다. 그리고 나서 바로 결론으로 가는 것이다. 결론은 간단하게 한두 문장 정도로 내용을 정리해서 말해주면 된다.

지금까지 한국어로 답변하는 연습을 했으니 영어로 답변을 해보도록 하자.

IHU 14 (time)을 영어로 답변 연습해 보기

QUESTION

문제 듣기

Chap08_01Q

Homes have changed a lot over the years. How were they five to ten years ago and how are they now? What are some characteristics of these homes?

집들은 시간이 흐름에 따라 많이 변화해 왔습니다. 5~10년 전의 집들은 어땠고, 지금의 집들은 어떤가요? 이러한 집들에 어떠한 특징들이 있나요?

학생 답변

MP	❶ OK, these days, lots of people live in apartment. → what
	❷ Because, I mean, lots of people prefer to live apartment. → feeling
	❸ 'Cause, there're a lot of convenience. → why
과거	❹ But, back in the days, like, like, like… 10 years ago, they lived in just houses not apartment. → what
	❺ But, like living in a house is not that convenient.
	❻ So, they don't like live there. → why → feeling
현재	❼ So, now, they move to apartment and…

❶ 네, 요즘은 아파트에 사람들이 많이 살아요. ❷ 왜냐하면, 그러니까 많은 사람들은 아파트에 사는 것을 선호해요. ❸ 편리한 게 많으니까요. ❹ 하지만 10년 전에는 아파트가 아닌 주택에서 살았어요. ❺ 하지만 주택에서 사는 것이 그렇게 편리하진 않았습니다. ❻ 그래서 사람들은 주택에 사는 것을 좋아하지 않았어요. ❼ 그래서 지금은 아파트로 이사를 가고…

❶ OK, these days, lots of people live in apartment.

❷ Because, I mean, lots of people **prefer** to live apartment.

❸ 'Cause, there're a lot of convenience.

MP 부분이다. What, Feeling, Why 3가지가 모두 완벽하게 포함되어 있다.

이어서 과거 이야기가 나와야 한다. 앞에서도 언급했듯이 과거 이야기를 할 때는 MP(현재)에서 말한 내용과 확실한 대조를 보여주어야 한다. 때문에 우리는 반대 감정을 나타내는 형용사를 공부해서 잘 활용해야 한다.

• **MP(현재)**의 Feeling: happy ⟩ → 자연스레 현재와 과거 비교를 보여줌 (대조 #1)
• **과거**의 Feeling   : sad ⟩
• **MP(현재)**의 Feeling: happy 또는 그와 비슷한 단어 ⟩ → 자연스레 과거와 현재 비교를 보여줌 (대조 #2)
• **결론**

이와 같이 답변의 구성을 짜면, 자연스레 비교가 된다. 답변하기 수월해질 뿐만 아니라 채점자 역시 이해하기 쉬워질 것이다. 이 학생은 감정을 나타내는 동사 prefer를 썼다. 영상에서 prefer를 형용사라고 설명한 이유는 대부분 감정을 나타내는 단어는 형용사인 경우가 많기 때문이다.

❹ But, back in the days, like, like, like... ten years ago, they lived in just houses not apartment.

❺ But, like living in a house is not that convenient.

❻ So, they don't like live there.

과거 부분이다. 이 학생은 과거로 답변해야 하는데 과거 시제로 말하지 않았다. 이번 수업은 전략에 집중한 수업으로 시제에 관한 언급은 하지 않았다. 여기서 이 학생이 너무 잘한 점이 있다. 바로 like 필러를 아주 잘 사용했다는 것이다. 이런 자연스러움이 오픽에서 꼭 필요하다. 그리고 질문에 나온 ten years ago 표현을 답변에서 다시 말한 것도 좋았다.

02 IHU 14 non-time 끝판왕

IHU 14 (non-time)은 어떻게 답변할까?

이번에는 IHU 14번 non-time 질문을 살펴보겠다. IHU 14번 time은 콤보 세트 비교 카테고리 전략과 동일하다고 했다. 하지만 IHU 14번 non-time 질문은 시간을 비교하는 것이 아니라 A와 B를 비교하는 질문이다. 그럼 어떻게 답변해야 하는지 전략을 알려주겠다. 이것도 비교 질문이기 때문에 콤보 세트 비교 카테고리 전략과 비슷하지만, MP가 약간 다르다.

▶ IHU 14 non-time 답변 전략

General MP	• What? 내가 말하고 싶은 내용 (한 가지) • Feeling? 그것에 대해 어떻게 느끼는지 혹은 의견 • Why? 왜 그렇게 느끼는지 이유를 설명 👉 비교할 대상 2가지, A와 B를 명확하게 말해줘야 한다. 그리고 General MP로 What, Feeling, Why 이 3가지가 모두 포함되지 않아도 된다. 물론, 가능하다면 이 3가지를 모두 말해도 되지만, 불가능하다면 한두 가지만 말해도 좋다.
A	A에 관한 이야기 👉 A에 대해서만 말해야 한다. B에 대한 이야기는 절대 하지 않아야 한다.
B	B에 관한 이야기 👉 B에 대해 말하면서 A와 대조를 보여줘야 한다. 앞에서 말한 A 이야기를 살짝 언급해서 비교를 보여줘도 좋다.
결론	MP에서 말했던 내용을 1~2문장 정도로 간단하게 마무리

IHU 14번 non-time의 MP는 General MP이다. 앞에서 4가지 카테고리 전략을 열심히 공부했다면 General MP가 익숙할 것이다. 바로 습관 카테고리의 MP이다. 그렇다면, IHU 14번 non-time의 질문은 어떻게 나오는지 살펴보자.

문제 듣기

Chap08_02Q

QUESTION

Pick two popular parks that you know of. Tell me about their similarities and differences.

당신이 알고 있는 유명한 공원 두 곳을 고르세요. 그것들의 유사점과 차이점에 대해 말해주세요.

질문에서는 공원 두 곳을 비교하라고 했으므로 나의 추천은 딱 두 가지만 골라서 비교하는 것이다. 여러 가지를 비교하면 실수할 확률이 높아지기 때문에 높은 점수를 받기 어렵다. 질문에서 두 가지를 고르라고 하는 경우도 있지만, 이렇게 나오는 경우도 있다.

문제 듣기

Chap08_03Q

QUESTION

Tell me about some parks that you know of. Tell me about their similarities and differences.

당신이 알고 있는 공원에 대해 말해주세요. 그것들의 유사점과 차이점에 대해 말해주세요.

이렇게 구체적으로 묻지 않는 질문에도 우리는 딱 두 가지를 골라서 답변을 하는 것이다. 또한, 질문에 '유사점과 차이점에 대해 말해주세요'라는 내용이 없더라도 IHU 14번은 무조건 비교 카테고리로 답변해야 한다.

Holidays 종류가 있다고?

QUESTION

문제 듣기

Chap08_04Q

What are some holidays in your country? What do people do during these holidays? What is special about them?

당신의 나라에는 어떤 휴일이 있나요? 사람들은 그 휴일 동안 무엇을 하나요? 그 휴일의 특별한 점은 무엇인가요?

또 다른 질문을 보자.

이 질문을 처음 들으면, What do people do during these holidays? 때문에 습관 카테고리라고 생각할 수도 있다. 혹은, What is special about them? 때문에 묘사 카테고리라고 생각할 수도 있다. 하지만 우리는 이 질문이 비교 카테고리라는 것을 놓치면 안 된다. 방금 설명했듯이 IHU 14번은 무조건 비교 카테고리로 답변해야 한다.

이 질문은 Holidays에 관한 질문이다. Holidays는 두 가지 종류로 나뉜다.

National Holidays(국가 공휴일): 휴일

Ex. Christmas, Thanksgiving, Lunar New Year, Children's Day, Parents' Day, Independence Day, Teachers' Day, Buddha's birthday

Hallmark Holidays(카드나 선물을 주고받는 특별한 날): 휴일이 아님

Ex. Valentine's Day, Halloween, Black Day, White Day

참고로, 생일이나 기념일 등 개인적인 기념일은 Holidays 주제에 말하지 않는 것을 추천한다. Holidays 주제에 답변하면 좋은 휴일은 Christmas '크리스마스', Buddha's birthday '석가탄신일'과 같이 간단히 설명할 수 있는 공휴일을 말하는 걸 추천한다.

개인적으로 추천하지 않는 공휴일은 설날이나 추석처럼 설명이 많이 필요한 공휴일이다. 아주 많은 학생들이 IHU 14번 Holidays 주제에 설날과 추석에 대해 답변한다. 실제 설날과 추석에 관련된 스크립트를 제공하는 학원들도 많을 것이다. 때문에 채점자들은 너무나 많은 설날과 추석 답변을 들었을 것이다. 평범한 답변들 사이에서 눈에 띄기 위해서는 창의적이고 독특한 답변을 하는 것이 좋기 때문에 설날과 추석 답변은 추천하지 않는다.

그럼 IHU 14번 non-time 질문에 어떻게 답변하면 좋을지 공부해 보자. 기본적으로 IHU 14번 질문은 '사람들' 또는 '사회적 이슈'에 관해 물어보기 때문에 '나'가 아닌 '사람들'에 초점을 맞춰서 이야기하는 것이 좋다. 이제, 'A-크리스마스, B-부처님 오신 날'로 General MP를 함께 만들어 보자. 깔끔한 General MP를 만들기 위해서는 A와 B를 바로 보여줘야 한다. 여기서 보여주는 샘플 답변은 정말 간단하게 보여주는 것이기 때문에 답변 전략으로 참고만 하도록 하길 바란다.

General MP	In my opinion, I think Koreans love Christmas and Buddha's birthday. We like them for different reasons. 제 생각에는 한국인들이 크리스마스와 부처님 오신 날을 좋아하는 것 같아요. / 우리는 다른 이유로 그 휴일들을 좋아합니다.

또는 MP에서 A와 B의 특징을 '아주' 간단히 이야기하는 것도 괜찮다.

General MP	In my opinion, I think Korans love Christmas and Buddha's birthday. I love both holidays for different reasons. I love Christmas because of gifts. And I love Buddha's birthday because it's unique. 제 생각에는 한국인들이 크리스마스와 부처님 오신 날을 좋아하는 것 같아요. / 저는 다른 이유로 그 두 휴일을 좋아합니다. / 선물 때문에 크리스마스가 좋아요. / 그리고 부처님 오신 날은 독특해서 좋아해요.

그리고 바로 A에 관해 설명하는 것이다.

A **(크리스마스)**	The reason why I think people love Christmas is very simple. It's a day of gift giving. We receive gifts. And that's a good feeling. 사람들이 크리스마스를 좋아한다고 생각하는 이유는 정말 간단해요. / 선물을 주는 날이니까요. / 우리는 선물을 받습니다. / 기분이 좋아요.

여기에서는 A, 크리스마스에 관해서만 이야기해야 한다. 절대로 B, 부처님 오신 날의 내용은 언급하면 안 된다.

B **(부처님 오신 날)**	People also love Buddha's birthday because… 사람들은 부처님 오신 날을 좋아해요, 왜냐하면…

B에서는 부처님 오신 날에 대해 말해야 한다. 하지만 여기에서는 바로 앞에서 말한 A의 내용인 크리스마스 이야기를 살짝 해도 상관없다. 그리고 이어서 결론을 말하면 된다.

03 IHU 15 끝판왕

IHU 15번 질문은 어떻게 답변할까?

드디어 마지막 질문이다. IHU 15번 또한 고급 수준의 질문으로 권장 답변 시간은 1분 30초 이다. 그동안 IHU 14번과 15번은 너무 어렵기 때문에 많이 연습하라고 했었다. 하지만, 많은 학생들과 실험을 해본 결과 최근 전략을 바꿨다. 그건 바로 '스킵'이다. 특히, 뉴스에 관한 질문이 나오면 그냥 스킵하는 것을 추천한다. 뉴스 질문은 따지고 보면 과거 경험 카테고리이다. 하지만 대부분 학생들은 뉴스에 관한 이야기를 과거 경험 카테고리로 답변하는 것이 쉽지 않을 것이다. 때문에 IHU 15번에서 뉴스 질문이 나온다면, 그냥 스킵하자.

그렇다면 15번에 뉴스 질문이 아닌 다른 질문이 나오면 어떻게 답변해야 할까? 전혀 걱정할 필요가 없다. 우리는 이미 다 공부했다. 뉴스 질문이 아니라면, 15번에는 그 동안 배웠던 4가지 카테고리 중 하나의 질문이 나온다. 따라서 해당 카테고리에 맞는 전략을 사용해서 답변하면 된다. 그래서 여기에서는 학생들이 많이 헷갈려 하는 가전제품과 전자제품을 비교하는 방법, 그리고 정말 중요한 MP만 간단하게 공부하고 마무리할 것이다.

QUESTION

문제 듣기

Chap08_05Q

How have home appliances changed our lives? How was life before the appliances different from life now? What is the biggest change in our lives?

가전제품이 우리의 삶을 어떻게 바꾸었나요? 가전제품이 있기 전과 지금의 삶은 어떻게 다른가요? 우리 삶에 가장 큰 변화는 무엇인가요?

이 질문은 home appliances '가전제품'에 관해 묻는 질문이다. appliances에는 어떤 것들이 있을까?

TV는 home appliances라고 할 수 있을까? 아니다. TV는 electronics '전자제품'으로 분류된다. 가전제품과 전자제품을 쉽게 구별할 수 있는 팁을 주겠다.

• 우리에게 즐거움을 준다면? 전자제품
• 그렇지 않다면? 가전제품

home appliances 가전제품

microwave 전자레인지
vacuum 청소기
washing machine 식기세척기
oven 오븐
fridge 냉장고

electronics 전자제품

TV 텔레비전
laptop 노트북
computer 컴퓨터
smartphone 스마트폰

따라서 이렇게 가전제품을 묻는 질문에 전자제품에 관한 답변을 한다면 질문을 잘 이해하지 못했다고 판단하여 낮은 점수를 받을 수 있다.

또, 학생들이 많이 헷갈려 하는 주제가 바로 furniture '가구'이다. 요즘은 전기를 사용하는 가구가 있긴 하지만 대부분의 가구는 전기를 사용하지 않는다. 질문에 대한 답변을 완벽하게 잘했어도 가전제품을 묻는 질문에 가구 이야기를 하면 점수가 깎일 수밖에 없다.

전기 사용 O		전기 사용 X
home appliances	electronics	furniture
microwave	TV	desk
vacuum	laptop	chair
washing machine	computer	table
oven	smartphone	sofa
fridge		closet

가전제품 주제로 MP 만들어 보기

가전제품 주제의 질문에 대한 MP를 함께 만들어 보자. 우리는 항상 깔끔하고 명확한 MP를 만드는 연습을 집중적으로 해야 한다. MP에는 What, Feeling, Why가 들어가야 한다고 했다. MP는 다음의 2가지 방법으로 연습하는 것을 추천한다. 사람마다 그리고 질문마다 다르기 때문에 2가지 방법을 모두 연습하도록 한다.

MP를 만드는 첫 번째 방법	• What
	• Feeling
	• Why

MP를 만드는 두 번째 방법	• What
	• Why
	• Feeling

먼저, 첫 번째 방법으로 MP를 만들어 보자. 앞에서 다룬 질문으로 연습해 보겠다.

문제 듣기

Chap08_05Q

QUESTION

How have home appliances changed our lives? How was life before the appliances different from life now? What is the biggest change in our lives?

가전제품이 우리의 삶을 어떻게 바꾸었나요? 가전제품이 있기 전과 지금의 삶은 어떻게 다른가요? 가장 큰 변화는 무엇인가요?

질문은 '이전과 지금의 삶이 어떻게 다른지' 물어봤다. 때문에 따지고 보면 비교 카테고리에 속한다. 따라서 우리는 비교 카테고리 전략을 따르면 된다. 비교 카테고리의 MP는 현재에 대해서 이야기하는 것이었다.

– 첫 번째 방법

• **What:** microwave
• **Feeling:** convenient
• **Why:** easy to cook

| MP | Personally, I think people use microwaves quite a bit.
It's very convenient.
It's just so easy to cook food.

개인적으로, 저는 사람들이 전자레인지를 꽤 많이 사용한다고 생각해요. / 정말 편리합니다. / 음식을 요리하기 아주 쉬워요. |

- 두 번째 방법

- **What:** microwave
- **Why:** easy to cook
- **Feeling:** convenient

MP

Personally, I think people use microwaves quite a bit because it's so easy to cook food with.
It's just so very convenient.

개인적으로, 저는 사람들이 전자레인지를 사용하기 매우 쉽기 때문에 아주 많이 사용한다고 생각해요. / 정말 편리해요.

이렇게 두 가지 방법을 모두 연습하다 보면 본인이 어떤 질문에서 어떤 방법이 더 편하게 느끼는지 알 수 있을 것이다. 나는 두 번째 방법을 추천한다. 그 이유는 많은 학생들이 MP에서 Why 부분을 놓치는 경향이 있기 때문이다. 전략을 알아도 시험장에 가면 긴장이 되고 잊어버릴 수 있기 때문에 What과 Why를 함께, 한 문장으로 말하는 연습을 많이 하도록 하자.

CHAPTER

09

꿀팁

01 오픽 서베이 고민 없이 한방에 선택하는 방법!

첫 번째 꿀팁!

오픽 서베이는 그냥 솔직하게

첫 번째 챕터인 필러부터 중요한 MP와 전략, 오픽 질문 4가지 유형들, 롤플레이 그리고 IHU 14, 15번 질문까지 오픽 시험을 보기 위해 준비해야 하는 단계들을 다 거쳐온 여러뿐! 마무리로 앞에서 말하지 못한 세 가지의 꿀팁을 주겠다.

먼저, 오픽 시험을 보기 전 준비 단계인 '서베이(설문조사)'를 어떻게 하면 좋은지에 대한 꿀팁을 알아보자. 여러 학생들이 서베이를 하는 것부터 많은 고민을 한다. 자신이 고른 서베이 선택지를 바탕으로 질문들이 출제되기 때문이다. 오픽 시험에 출제되는 질문의 총개수는 도대체 몇 개일까? 정확하진 않지만 백만 개쯤은 될 것이다. 정말 많은 수의 질문들이 있다. 그렇다면 이 많은 질문들을 다 공부하고 대비할 수 있을까? 당연하게도 아니다. 이 많은 질문들 중 나올 법한 질문들을 어떻게 예상하고 줄일 수 있을까? 바로 '서베이 선택 전략'이다.

지금부터는 서베이 선택 전략에 대해 알아보자. 많은 곳에서 서베이 선택 전략을 가르쳐준다. 학원에서는 아예 어떤 것을 선택해야 하는지 정해준 뒤, 실제로 그 서베이를 골랐을 때 나오는 질문들에 스크립트를 만들어서 암기하도록 가르친다. 그들이 말하는 전략은 이렇다. '싱글, 학생이 아님, 미혼, 가족도 없는 그냥 아무 사람도 아닌' 선택지를 고르는 것이다. 아무 일도 안 하고, 아무 경험도 없는 사람처럼 보일 수 있는 선택지들이다. 이렇게 고르면 좀 더 쉬운 질문을 받을 수 있고, 예상 문제의 수를 확 줄일 수 있기 때문에 시험 준비를 하기 쉬워질 수 있다. 또한 이렇게 거짓으로 학생인데 학생이 아니라고 서베이를 했더라도 채점자들은 서베이에서 무엇을 골랐는지 모르기 때문에 답변에서는 학생이라고 해도 괜찮다는 말이 사실처럼 떠돈다.

이렇게까지 해서 다른 사람이 정해주는 선택지를 골랐을 때, 예상 질문을 과연 얼마만큼 줄일 수 있을까? 정확하진 않지만 대충 1,000개쯤이라고 생각한다. 백만 개에서 1,000개로 줄인 것은 많이 줄인 건 맞지만 아직도 이 질문들을 다 공부하고 대비하는 것은 무리다. 이렇게 질문을 1,000개로 줄인 뒤 스크립트를 만들어 외우려고 한다면, 당장 그만두는 게 좋다. 만약 이래도 그냥 스크립트를 다 준비해서 외우고 싶다면 그냥 토익 스피킹을 보는 것을 추천한다. 토익 스피킹은 단순히 외우고 문법에만 집중하면 되기 때문이다.

그럼 어떻게 하면 예상 질문을 더 줄일 수 있을까?

우리는 이미 그 방법을 배웠다. 바로 '4가지 카테고리' 방법이다. 우리가 지금까지 배운 4가지 카테고리 방법은 백만 개의 질문을 4개로 줄일 수 있다. 오픽에서 출제되는 모든 질문들을 4가지 카테고리화 시켰기 때문이다. 그래서 오픽 질문이 백만 개 혹은 십억 개가 된다고 하더라도 그 질문들은 모두 4가지 카테고리 안에 들어가기 때문에 어떤 질문이라도 그 카테고리를 파악한다면 전략을 사용해서 잘 대답할 수 있다.

앞에서 미혼에 학생도 아니고, 가족도 없고, 싱글이라고 서베이를 하면 좀 더 쉬운 질문이 나온다고 했는데, 물론 이건 확실한 사실이 아닌 그냥 내 생각일 뿐이다. 하지만 생각해 보자. 이렇게 선택했을 경우에 나에게 출제되는 질문들은 친구나 가족, 일 또는 그 어떤 것과도 관련된 것이 아니라면 오히려 질문은 더 어려워질 수 있다. 자세히, 구체적으로 물어보는 질문은 어려워 보이기도 하지만 실제로 대답을 할 때는 더 쉬울 것이다. 반대로 포괄적인 질문은 보기에는 쉬워 보이지만 사실 답변할 때는 더 어렵다. 어떤 답변을 해야 할지 생각이 잘 안 나기 때문이다. 또한, 내가 서베이에서 일을 하지 않는다고 해도 일과 관련된 돌발질문이 나올 수도 있다. 하고 있는 일은 없지만 일을 찾고 있을 수 있다고 오픽 센터는 생각할 수도 있기 때문이다. 이런 식으로 내가 서베이에서 선택하지 않았더라도 관련 주제가 질문으로 나올 수 있다.

그렇다면 도대체 어떻게 서베이를 선택하는 게 맞는 것일까?

정말 뻔한 대답이라고 생각하겠지만 그냥 '솔직하게' 고르는 것이다. 진짜로 내가 좋아하는 것, 진짜로 내가 경험하고 있는 것들을 솔직하게 고르고 시험을 본다고 생각하기보다는 그냥 대화를 한다고 생각하는 게 좋다. 이렇게 솔직하게 서베이를 하고 시험을 보면 답변을 하다가 실수를 하더라도 스크립트가 없기 때문에 부드럽고 자연스러워 보일 수 있다. 그리고 이 부드러움과 자연스러움은 오픽 시험에서 가장 중요하다.

서베이는 솔직하게 하고, 질문의 카테고리를 파악한 후, 카테고리별 전략들과 스킬, 그 밖의 꿀팁들을 사용한다면 어떤 질문이라도 잘 대답할 수 있다. 이런 식으로 공부를 하면 오픽에서 좋은 성적을 받을 수 있는 건 물론이고 일반 영어 회화 능력도 많이 향상될 수 있다. 늘 강조했던 메인 포인트(MP)와 4가지 카테고리 전략들을 마스터했다면 그냥 솔직하게 서베이를 선택해도 좋다. 이미 여러분은 어떤 질문에도 잘 답변할 수 있는 준비가 되었기 때문이다.

02 AL 학생은 자기소개도 다르게 할까?

 두 번째 꿀팁!

자기소개 질문 스킵하는게 좋을까?

오픽 시험의 첫 질문은 바로 자기소개이다. 예전에는 자기소개에서 말했던 내용을 답변할 때 유용하게 쓸 수 있으니 점수에 반영되지 않더라도 스킵하지 말라고 했다. 그러나 최근에 전략을 조금 변경하였다. 자기소개 질문을 스킵하는 것이다.

자기소개는 첫인상과 같다. 자기소개를 열심히 준비해서 유창하게 말했다면, 채점자는 영어를 잘하는 학생이라고 생각할 수 있다. 그래서 뒤로 갈수록 답변의 퀄리티가 떨어진다면 채점자는 '이 학생은 미리 준비한 것만 잘하네.'라고 생각할 것이다. 자기소개에서 이미 스크립트 냄새가 난다면 그것 또한 마이너스 요소가 될 수 밖에 없다. 따라서 자기소개 질문은 스킵하는 것을 추천한다.

하지만 자기소개 질문에 답변하는 것도 좋은 점이 있다. 긴장을 풀고 입도 푸는 데 도움이 될 수 있다. 지금부터는 자기소개를 어떻게 답변하면 좋은지 알아보자.

QUESTION

Let's start the interview. Please introduce yourself.

인터뷰를 시작하겠습니다. 자기소개를 해주세요.

 학생 답변

① Hi, I'm Rachel.
② Uh, uh, actually, I don't know what to tell you about myself.
③ But… uh, these days I'm really into K-POP music.
④ Because, um, you know, you know what?
⑤ I gained a lot of weight these days.
⑥ So, I need to lose weight.
⑦ So, I should decide… uh, I decided to go to K-POP Music Dance Academy to lose my… uh, to lose my weight.
⑧ So, I went there.
⑨ Actually, you know what?
⑩ Actually, I took twice… just twice classes.
⑪ Just from this week, I'm gonna keep learning, OK?
⑫ And that's pretty much what I have to say about myself.

① 안녕하세요. 저는 레이첼입니다. ② 사실, 무슨 말을 해야 할지 모르겠네요. ③ 근데… 어, 요즘에 저는 케이팝 음악에 빠져 있어요. ④ 왜냐하면, 있잖아요. ⑤ 제가 요즘 살이 많이 쪘거든요. ⑥ 그래서 살을 빼야 해요. ⑦ 그래서 케이팝 춤 학원에 다니기로 했습니다. 살을 빼기 위해서요. ⑧ 그래서 거기 가기는 했는데요. ⑨ 사실, 있잖아요. ⑩ 사실, 제가 수업을 딱 두 번밖에 안 들었답니다. ⑪ 이번 주에 시작했어요. 계속 배울 거예요. ⑫ 나에 대해 이 정도로 말하고 싶어요.

❶ Hi, I'm Rachel.

이 학생은 말하는 속도가 빠르지 않고 느린 편에 속한다. 그래도 AL을 받았다. 그래서 나는 AL을 받기 위해서는 속도가 느리더라도 말이 끊이지 않게 계속해서 하는 것이 중요하다고 생각하게 되었다. 이 학생은 말을 빨리하진 않지만, 끊임없이 말할 수 있고, 어려운 어휘를 쓰는 것도 아니지만 간단한 것도 말을 멈추지 않고 자세히 설명하려 했다. AL을 받기 위해서는 멈추지 않고 계속 말하는 것 그리고 내용을 깔끔하게 전달하는 것이 제일 중요하다.

자기소개의 시작은 늘 그렇듯 인사로 시작한다. 이 학생은 Hi, I'm Rachel. 이라고 했는데 많은 사람들이 자신의 이름을 말할 때, Hi, my name is Rachel. 이라고 한다. 이제부터는 I'm Rachel. 이라고 해보자. 그러면 훨씬 더 자연스러워 보일 것이다.

❷ Uh, uh, actually, I don't know what to tell you about myself.
❸ But… uh, these days I'm really into K-POP music.

인사를 하고 난 뒤, 긴장해서 무슨 말을 할지 모르는 모습을 보였다. 그래도 Uh 필러를 쓰면서 생각하는 모습을 보여주고, '나에 대해서 무슨 말을 해야 할지 모르겠다'고 솔직하게 말했다. 너무 좋은 모습이다. 여기서 이 문장을 조금 더 자연스럽게 바꾸어 보자.

I don't **really** know what to tell you about myself.
무슨 말을 해야 할지 정말 모르겠어요.

참고로 I'm really into는 내가 어떤 것을 매우 좋아한다는 것을 말할 때 사용하면 좋은 표현이다.

❹ Because, um, you know, you know what?

이 학생은 you know what? '있잖아?' 표현을 많이 사용한다. 이 표현은 굉장히 밝고 자연스러운 느낌의 표현이기 때문에 많이 사용하면 좋다.

⑤ I gained a lot of weight these days.

⑥ So, I need to lose weight.

대부분 그냥 I gained a lot of weight. '살이 쪘다'라고만 말하고 어떻게 할 것인지에 대해서는 말하지 않는다. 그런데 여기서 끝내지 않고 '살을 빼야 한다' 등의 내용을 더해서, 빠르고 간단하게 말을 한다면 AL로 더 가까이 다가갈 수 있다. 여기서도 really를 넣어서 말하면 더 자연스러운 문장이 될 수 있다.

So, I **really** need to lose weight.

그래서 정말 살을 빼야 해요.

그리고 these days '요즘'도 굉장히 좋은 단어이다. 간혹, in these days라고 잘못 말하는 학생들이 있다. 앞으로는 in을 빼고 these days로 사용하자.

⑦ So, I should decide… uh, I decided to go to K-POP Music Dance Academy to lose my… uh, to lose my weight.

여기서 이 학생은 실수를 했다. 그래서 자신도 그것을 인지하고 고쳐서 다시 말을 했다. 이렇게 실수를 했을 때는 한, 두 번 정도 실수를 고치려고 시도해도 좋지만, 그 이상은 오히려 문장의 의미를 헷갈리게 만들 수 있으므로 고치지 말고 넘기도록 하자. 이 문장을 더 자연스럽게 고치면 이렇게 말할 수 있다.

I decided to take K-POP dance lessons to lose weight.

살을 빼기 위해서 케이팝 춤을 배우기로 했어요.

'케이팝 댄스 학원에 간다'라고 했지만, 영어는 사람에 집중해서 말하기 때문에 K-POP dance lessons라고 하면 좋다. 이해를 돕기 위해 예를 들면, 내가 아프다는 것을 말할 때 한국인은 I need to go to the hospital. '저는 병원에 가야 해요.'라고 하고, 원어민들은 I need to go see a doctor. 이라고 '사람'에 집중해서 말한다. 한국인들은 아프면 '병원'에 가야 한다고 말하지만, 영어는 '의사'를 만나러 간다고 하는 차이다.

⑧ So, I went there.

⑨ **Actually**, you know what?

⑩ **Actually**, I took twice... just twice classes.

actually를 반복해서 사용해 긴장하고 있는 모습이 보였다. 이렇게 같은 단어를 반복해서 사용하면 내가 긴장하고 있다는 느낌을 줄 수 있으므로 다른 단어를 사용해서 말할 수 있도록 하자. 그리고 이 부분에서 발생한 문법적인 실수를 고쳐보자.

I only took two classes **so far** this week.

지금까지는 이번 주에 수업을 두 번밖에 안 들었어요.

여기서는 so far를 사용해서 '지금까지는'이라는 의미를 더 나타내주었다.

⑪ Just from this week, I'm **gonna** keep learning, OK?

⑫ And that's pretty much **what** I have to say about myself.

자기소개의 마무리 부분이다. 이 학생은 계속해서 케이팝 춤을 배울 것이라는 의미를 I'm gonna keep learning. 이라고 말했다. gonna는 going to의 구어체적인 표현으로 빨리 말하기 쉽다. 어떤 사람은 going to라고 말하는 게 더 편할 수 있다. 그러니 둘 다 발음해 보고 자신에게 더 편한 것을 선택해서 사용하자. 그리고 마지막 문장에서 what을 all로 바꾸어 말하면 더 좋다.

And that's pretty much **all** I have to say about myself.

이게 제 자신에 관해 말하고 싶은 다예요.

MEMO

03 오픽에 재미있는 TMI 답변을 준비해 보세요!

 ## 세 번째 꿀팁!

오픽 노잼을 오픽 유잼으로 바꾸는 방귀와 응가 이야기

우리는 보통 일상생활에서 내가 겪은 이야기를 하는 건 어려워하지 않는다. 친구들과 대화할 때면 그렇게 재밌는 대유잼 인간이 왜 오픽 시험에서 과거 경험 이야기만 하면 대노잼 인간이 되는 것일까? 그건 물론 오픽은 시험이기 때문이다. 친구들과 이야기를 할 때는 조금 실수를 하고, 기승전결이 완벽하지 않아도 괜찮지만, 오픽은 시험이니까 왠지 완벽하게 이야기를 전개해야 한다고 생각할 수 있다. 하지만 오픽이라고 해서 완전 할리우드나 드라마에 나올 만한 이야기를 하지 않아도 된다. 그냥 간단한 이야기도 괜찮다. 친구들과 편하게 대화할 때 보다 더 긴장되고, 무언가 진중한 이야기를 해야 할 것 같고, 장난을 치듯이 말하면 안 될 것 같다고 생각하는 사람들이 많을 것이다. 그러나 오픽 시험은 일상에서 내가 영어로 얼마나 잘 말할 수 있느냐를 평가하는 시험이기 때문에 조금은 재밌고, 장난스러운 이야기를 해도 괜찮다.

여기서 꿀팁은 바로 '방귀' 혹은 '응가' 이야기를 하는 것이다. 답변할 때 방귀와 응가 이야기를 하는 순간 그 이야기는 예상치 못한 이야기가 될 것이며 굉장히 어이없으면서도 재미있는 이야기가 될 것이다. 말하는 자신도 웃기고, 듣는 채점자도 웃길 수 있는 대유잼 이야기! 나아가 다른 사람들은 재미없고 지루한 이야기만 할 때 나는 남들과는 다른 재미있는 이야기를 하는 것이기 때문에 새롭고 신선하게 느껴질 수밖에 없다. 그럼 본격적으로 방귀 표현 4가지를 알아보자.

방귀 표현 4가지

① silent, but deadly

방귀는 둘 중 하나를 선택해야 한다. 소리와 냄새, 그 둘 다를 지킬 수는 없다. 소리가 크면 대신 냄새는 별로 안 나고, 소리가 작으면 대신 냄새가 지독하다. 이 표현은 바로 방귀의 그러한 슬픈 현실을 이용한 재밌는 표현이다. 어떻게 사용하면 되는지 예문을 보여주겠다.

> I cut cheese in the restaurant, and I was hoping that no one would find out. I mean, it was **silent, but deadly**.
>
> 내가 식당에서 방귀 꿨어. 아무도 모르길 바랐는데 조용했지만, 냄새가 너무 났나 봐.

② let it rip
let one rip

이 표현은 방귀에 있어서 원어민 수준의 표현이다. 그냥 fart라고 할 수도 있지만, 지금 추천해 준 let it rip 또는 let one rip을 쓴다면 채점자는 '오, 이 사람 영어 좀 하네.'라는 생각을 할 것이다.

이 표현을 더 자세히 뜯어보면 정말 재밌는 표현이다. rip은 '종이를 찢는다'는 의미인데 방귀를 너무 세게 꿔어서 don't go(돈고: 똥구멍)가 찢어졌다는 의미가 된다. 아무튼 이런 표현을 자연스럽게 사용한다면 능숙함 측면이든, 재미의 측면이든 채점자에게 인상적으로 기억될 것이다. 이 표현들은 주로 과거 경험을 이야기할 때 사용하면 좋기 때문에 이렇게 과거형으로 바꿔서 말하면 된다.

> I needed to **let it rip**. 나는 방귀를 꿔어야 했어.
> I **let it rip**. 나 방귀 꿨어.

③ cut cheese

이 표현 또한 '방귀를 꿨었다'라는 의미이다. 이런 식으로 문장에 사용하면 된다.

> I was at Starbucks and all of a sudden I had to **cut cheese**.
>
> 스타벅스에 있었는데 갑자기 방귀가 나왔어.

CHAPTER 09
결론

❹ thunder from down under

직접적으로 해석하면 '번개가 밑에 나타났다'라는 의미가 된다. 방귀를 번개에 비유해 굉장히 재치 있게 표현했다. 이렇게 사용해 보자.

I was at the bar with my friends the other day, and all of a sudden, I felt a little **thunder from down under**.

최근에 친구랑 바에 있었는데, 갑자기 방귀가 뀌고 싶었어.

방귀의 영원한 친구 응가(대변)와 관련된 표현 4가지

❶ number 1

pee와 같은 소변의 의미다. 우리는 흔히 '작은 것'이라는 표현을 쓰기도 한다. 그렇다면, 문장에서는 어떻게 쓰면 좋을지 보여주겠다.

I need to go number 1.

나 작은 거(오줌) 마려워.

❷ number 2

poo와 같은 대변의 의미다. 우리는 흔히 '큰 것'이라는 표현을 쓰기도 한다. 이 표현을 사용해 문장을 만들어 보자.

I need to go number 2.

나 큰 거(응가) 마려워.

❸ take a dump

매우 높은 수준의 표현이다. dump는 쓰레기로 대변과 연결되기도 한다. 이 표현을 어떻게 쓰면 좋을지 감이 안 잡히는 사람들을 위해 예문을 보여주겠다.

I felt like taking a dump during the meeting. Oh, the timing was terrible.

미팅 시간에 너무 대변이 마려웠어. 타이밍이 장난 아니었어.

❹ deuce it

deuce는 number 2 '대변'과 비슷한 느낌의 표현이다. 특히, 이 표현을 쓰면 원어민들조차 깜짝 놀랄 수 있는 표현이기도 하다. 이 표현을 사용해 문장을 만들어 보자.

I had to deuce it.
응가해야만 했어.

이 표현은 it이 없으면 어색해 보일 수 있으므로 it과 같이 사용할 수 있도록 하자.

이렇게 방귀, 응가와 관련된 꿀표현들을 알아보았다. 그렇다면, 이제 실제로 답변에 어떻게 활용하면 좋은지 예를 들어 설명하겠다. 롤플레이 세트 마지막 질문인 13번 질문을 예로 들어 하나는 방귀, 하나는 응가 꿀표현들을 사용해서 총 두 개의 예시 답변을 만들었다.

방귀에 관한 꿀표현을 사용해 대답하기

문제 듣기

Chap09_02Q

QUESTION

That's the end of the situation. Have you ever gone on a beach trip that was affected by bad weather or some kind of unexpected problem? Tell me about the things that did not go as you had expected. Tell me everything that happened.

이것으로 상황극이 종료되었습니다. 날씨가 좋지 않거나 예상치 못한 문제로 해변을 여행한 적이 있나요? 당신이 예상한 대로 되지 않았던 일에 대해 말해주세요. 일어난 모든 일을 말해주세요.

예시 답변

1. Problems at the beach… well, OK.
2. Let me tell you about a problem of me letting it rip in front of my wife at the beach.
3. And, it was one of the most embarrassing things I had to go through, right?
4. And we were in Spain and we were just finding a nice spot at the beach.
5. And as I was bending over, to pick up something, um, you know, something came out.
6. And my wife was laughing so hard!
7. And, you know, the way she was laughing, I was just so embarrassed.
8. Um, you know, and I started to laugh too, of course.
9. But I couldn't believe that happened, you know?
10. Like, it was so loud.
11. We were outside at the beach!
12. And yet, you know, it (the sound) was as clear as day.
13. And I could never forget that moment.
14. So, basically, whenever we go, uh, to any beach, my wife always reminds me of this story.

❶ 해변에서의 문제라… 글쎄요, 알겠어요. ❷ 해변에서 우리 아내 앞에서 방귀를 낀 이야기를 할게요. ❸ 이게 제가 겪은 가장 당혹스러운 일 중 하나예요. ❹ 우리는 스페인에 있었어요. 그리고 해변에서 좋은 장소를 찾고 있었죠. ❺ 그리고 무언가를 잡으려고 앞으로 숙였는데, 음, 무언가 나왔어요. ❻ 그리고 우리 아내는 미친 듯이 웃었죠! ❼ 그리고 그 웃는 모습 때문에 저는 너무 창피했어요. ❽ 음, 그리고 저도 웃기 시작했죠. ❾ 전 그런 일이 일어났다는 걸 믿을 수가 없었어요. ❿ 엄청나게 컸거든요. ⓫ 우리는 밖에 해변에 있었는데 말이죠! ⓬ 그런데도, 그 소리가 날씨만큼이나 맑았어요. ⓭ 정말 그 순간을 잊지 못할 거예요. ⓮ 그래서 우리가 해변에 갈 때면, 아내는 저한테 이 이야기를 해요.

지금 보여준 예시는 굉장히 깔끔하면서도 간단했다. 어려운 단어를 쓰지도 않았다. 심지어 조금은 웃기고 가벼워 보일 수 있는 방귀 이야기를 했음에도 이야기를 이해하기 쉽게, 깔끔하게 전달했다. 이렇게만 말하더라도 좋은 점수를 받을 수 있을 것이다. 스크립트는 버리고, 앞에서 알려준 꿀표현들을 사용해 나만의 방귀 이야기를 해보자. 그럼 좋은 결과가 따라올지도 모른다. 다음으로는 응가 꿀표현을 사용해 질문에 답을 해보았다.

응가에 관한 꿀표현을 사용해 대답하기

QUESTION

📱 문제 듣기

Chap09_03Q

That's the end of the situation. Now, tell me about a time when you had a problem while using a bike or any other type of transportation. What happened and how did you deal with the problem?

이것으로 상황극이 종료되었습니다. 자, 자전거나 다른 교통수단을 사용하는 동안 문제가 있었던 시간에 대해 말해 주세요. 무슨 일이 있었고 그 문제를 어떻게 처리했나요?

예시 답변

❶ Alright, well, I have a very interesting story to tell you because basically the other day, I was riding my bike and I felt like I needed to take a dump.

❷ But the problem was, you know, there was no washroom nearby.

❸ And so, I was riding this bike very slowly.

❹ And… kind of standing up, if you know what I mean.

❺ And it was just such an uncomfortable situation because…

❻ OMG, you know, I was experiencing turtlehead.

❼ Oh, my goodness!

❽ It was an emergency situation!

❾ Um, but luckily, I was able to find OOO!

❿ Oh, thank goodness for OOO!

⓫ And, of course, you know, I had to just rush in and, you know, unload my beast.

⓬ After that, I felt so relieved!

❶ 좋아요, 글쎄, 재미있는 이야기가 있어요. 왜냐하면, 지난번에 자전거를 타고 있었는데 응가가 마려웠어요. ❷ 그런데 문제는 그 근처에 화장실이 없었다는 거예요. ❸ 그래서 자전거를 천천히 탔어요. ❹ 그리고… 약간 서서. 무슨 말인지 알죠. ❺ 완전히 불편한 상황이었죠. 왜냐하면… ❻ 맙소사, 완전 나오기 직전이었어요. ❼ 오 세상에! ❽ 완전 긴급한 상황이었어요! ❾ 하지만 운이 좋게도, OOO를 찾았어요. ❿ OOO 감사합니다! ⓫ 그리고, 당연히, 서둘러 들어가서 모든 걸 다 내려놨죠. ⓬ 그 뒤로, 완전 안심이었죠!

여기서는 앞에서 알려준 꿀표현 외에 다른 꿀표현이 등장했다. turtlehead이다. 이 단어는 응가가 마려운 상태에서 화장실이 없어 해결하지 못하는 상황일 때, 응가가 살짝 나왔다 들어갔다 하는 상태를 의미한다. 약간 더러운 표현이라고 생각할 수 있지만 응가를 참는 긴박한 순간을 표현하기엔 너무나도 좋은 표현이다. unload my beast (unleash my beast) 또한 급한 응가를 해결한 뒤 '내 응가는 괴물이다, 모든 것을 내려놨다'는 의미를 담고 있다. 나중에 응가 이야기를 하게 되면 응가 꿀표현들과 함께 사용해 보자.

만약 내가 방귀나 응가에 관한 경험이 없다면 이야기하지 않아도 된다. 어디까지나 이건 꿀팁이기 때문에 무조건 방귀나 응가 이야기를 해야만 하는 게 아니다. 혹시 방귀나 응가와 관련된 경험이 있다면 가끔은 재미있게 답변을 할 수 있도록 그 경험을 이야기하는 것도 좋다. 또는 어떤 이야기를 해야 할지 떠오르지 않을 때도 그냥 방귀나 응가 이야기를 해보자. 높은 점수를 받을 수도 있다. 아니, 받게 해줄 것이다.

부록

- 난이도에 관한 가장 자주 묻는 질문들

- 답변을 시작할 때 사용하면 좋은 표현

- 날씨 관련 꿀표현

- 돈 관련 꿀표현

- IH에서 AL로 가는 길!

난이도에 관한 가장 자주 묻는 질문들

1. 어떤 난이도를 선택해야 하나요?

무조건 6-6을 선택하세요.

2. 만약 제 영어 실력이 IL이나 IM1이라면 어떤 난이도를 선택해야 하나요?

여전히 6-6을 선택하는 것이 좋습니다. 난이도는 실제 자신의 영어 실력과는 상관없어요. 난이도는 과거 경험과 비교 질문을 더 많이 받을 확률과 비례합니다. 다르게 말하면, 묘사와 습관 질문을 덜 받게 되는 것인데, 이것은 좋은 일입니다! 그럼, 과거 경험과 비교 질문을 많이 받으면 왜 좋을까요? 아래 3번 질문을 참고해 주세요.

3. 과거 경험과 비교 질문이 왜 중요한가요? 어려운 것 아닌가요?

과거 경험과 비교 질문은 어렵지만, 충분한 연습을 통해 빠르게 익숙해질 수 있습니다. 과거 경험과 비교 질문은 '고급 수준 질문'으로 간주하고, 묘사와 습관 질문은 '중급 수준 질문'으로 간주합니다. 고급 수준의 질문을 많이 받을수록 높은 점수를 얻을 확률이 높아집니다. AL을 받고 싶다면, 이런 고급 수준 질문을 많이 받아야 하겠죠.

4. 난이도 5-5를 선택하면 AL을 못 받나요?

아니요, 받을 수 있습니다. 하지만 6-6을 선택하면 5-5보다 조금 더 쉽게 AL을 받을 수 있습니다. 앞서 말한 대로, 6-6을 선택하면 고급 수준의 질문을 더 많이 받을 수 있기 때문입니다.

예를 들어, 처음 10개의 질문(1번부터 10번)에서 6-6을 선택하면, 과거 경험과 비교 질문이 약 6개 정도 나올 것입니다. 5-5를 선택하면, 과거 경험과 비교 질문이 약 5개 정도 나올 것입니다. 4-4를 선택하면, 과거 경험과 비교 질문이 약 4개 정도 나올 것입니다.

5. 만약 제 목표가 IM2나 IH라면 어떻게 해야 하나요?

그래도 6-6을 선택하세요. 다시 한번 말하지만, 6-6을 선택하면 고급 수준의 질문이 더 많이 나올 것입니다. 목표가 IH였어도 운 좋게 AL을 받을 수도 있다는 거죠! 6-6을 선택해서 손해 볼 것 하나도 없습니다.

6. 만약 6-6 질문을 이해하지 못하면 어떻게 해야 하나요? 너무 어려운데요.

만약 난이도 6이 너무 어렵다면 난이도 4도 마찬가지로 어려울 것입니다. 난이도 4부터 6까지의 질문은 사실 비슷한 수준입니다.

질문 예시

난이도 4-4 `과거 경험`

Talk about your most recent holiday? What made it a memorable experience? Tell me in detail.

가장 최근 휴일(휴가)에 대해 말해주세요. 그 휴일(휴가)을 특별하게 만든 요인은 무엇인가요? 자세하게 말해주세요.

난이도 5-5 `과거 경험`

Talk about your most recent holiday. Why was that holiday memorable? Was there anything special? Talk about why that holiday was particularly unforgettable.

가장 최근 휴일(휴가)에 대해 말해주세요. 왜 그 휴일(휴가)이 기억에 남았나요? 특별한 사건이 있었나요? 왜 그 휴가가 특별하게 기억에 남는지 이야기해 주세요.

난이도 6-6 `과거 경험`

Describe your most recent holiday experience. Why was that holiday particularly memorable? Was there anything special that happened? Tell me why that holiday was unforgettable, and provide a lot of details.

가장 최근의 휴일(휴가) 경험을 묘사해 보세요. 왜 그 휴일(휴가)이 특별하게 기억에 남았나요? 특별했던 사건이 있었나요? 그 휴가가 왜 잊을 수 없는 경험이었는지 자세하게 이야기해 주세요.

보다시피 질문은 난이도가 높아짐에 따라 조금 더 길어지는 경향이 있습니다. 하지만 실제로 그렇게 몹시 어려워지지는 않습니다. 질문에 쓰인 어휘도 상당히 유사함을 확인할 수 있습니다. 일부 학생들은 질문이 길면 생각할 시간이 더 많아져서 더 좋다고 느끼기도 합니다!

마지막으로, 기억하세요!

초보라고 해서 난이도 6-6을 선택한다고 불이익은 없습니다. 자신감을 가지고 6-6을 선택하세요. 이 오픽 노잼 한 번 믿어보소! 또한, 실제 시험에서는 난이도가 1부터 6까지의 숫자로 표시되지 않습니다. 여러분이 어떤 오디오 파일을 듣고 그 레벨에 따라 선택하게 됩니다. 보통 '가장 어려운 레벨'이 아래쪽에 위치합니다. 그것이 난이도 6이라고 생각하면 됩니다.

답변을 시작할 때 사용하면 좋은 표현

더 많은 표현은 〈오픽노잼 투〉에서 확인할 수 있습니다!

1. 솔직하게 답변 시작하기

❶ You know, personally, I think ~ 그러니까, 개인적으로, 제 생각에 ~

❷ OK, well, to be brutally honest, I think ~ 음, 글쎄요, 정말 솔직하게 말하면, 제 생각에 ~

❸ OK, let me be completely honest with you ~ 음, 완전 솔직하게 말해볼게요.

❹ I think, well, in my honest opinion ~ 제 생각에, 그러니까, 솔직한 제 생각은 ~

2. 답변 바로 시작하기

❶ Alright, I can surely tell you that ~ 좋아요, 이건 확실히 말할 수 있어요.

❷ Let me tell you this ~ ~에 대해서 말할게요.

❸ Alright, here's the thing ~ 좋아요, 중요한 건 뭐냐면 ~

❹ OK, let me start off with this ~ 네, 그럼 이렇게 시작해 볼게요.

❺ Well, the thing is ~ 그러니까, ~라는 거예요.

❻ Alright, let me get straight to the point ~ 좋아요, 본론부터 바로 말할게요.

❼ Wow, alright, here's the thing ~ 와, 네, 중요한 건 뭐냐면 ~

❽ OK, let me talk about ~ 네, ~에 대해서 말해볼게요.

❾ Alright, OK, let me start off by saying this ~ 좋아요, 음, 이렇게 말하면서 시식해 볼게요.

❿ Yeah, I guess you can say ~ 네, ~라고 할 수 있을 것 같아요.

⓫ Well, OK. I don't know about you but for me ~ 음, 네, 당신은 어떨지 잘 모르겠지만 저는 ~

⓬ Interesting question. OK, so... um, there's a time when ~
재밌는 질문이네요. 좋아요, 그러니까... 음, 이런 적이 있어요.

⓭ Well, alright, just yesterday ~ 글쎄요, 좋아요, 딱 어제~

⓮ Ah, OK, well, not too long ago ~ 아, 네, 뭐, 그렇게 오래전은 아닌데~

⓯ OK, so... there was a time when ~ 네, 그러니까... 이런 적이 있어요.

3. 자신감 있게 답변 시작하기

❶ Oh, I have the perfect story for this. 오, 이 질문에 딱 맞는 이야기가 있어요.

❷ I can answer this so easily. 쉽게 대답할 수 있겠는데요.

4. 어려운 질문이 나왔을 때

❶ It's quite a tough question. 꽤 어려운 질문이네요.

❷ That's tough. 어렵네요.

❸ I didn't expect such a hard question. 이런 어려운 질문은 예상하지 못했는데.

❹ That's not an easy question. 쉬운 질문은 아니네요.

5. 답변하는 중 생각이 안 날 때 ⌁ 중간에 끊기지 않고 느리게 말하지 않기

❶ What am I saying ~ 나 지금 무슨 말 하고 있지~

❷ How can I describe this ~ 이걸 어떻게 설명할 수 있을까~

❸ How should I describe this ~ 이걸 어떻게 설명하면 좋을까~

날씨 관련 꿀표현

대부분 학생은 할 말이 없어서 날씨 주제를 싫어한다. 하지만 알고 보면 날씨는 아주 쉽고 유용한 주제이다. 다른 어떤 주제와도 쉽게 섞을 수 있기 때문이다. 예를 들어, 카페와 날씨를 묶어서 답변할 수도 있다.

> 내가 어느 날은 카페에 갔는데, 비가 와서 너무 좋았다.

혹은, 패션 주제와도 연결할 수 있다.

> 날씨가 너무 추워서, 두꺼운 외투를 입었다.
> 날씨가 너무 더워서, 얇은 티셔츠를 입었다.

그러므로 날씨 관련 단어나 표현을 많이 알아 두고 연습해 보자.

➤ 여름 관련 표현

- **후덥지근한**: humid, sticky, muggy
- **더운**: hot, scorching hot, stupid hot, crazy hot, sweltering hot
- **자외선 차단제**: sunscreen
- **햇볕에 심하게 탐**: sunburn

➤ 겨울 관련 표현

- **추운**: cold, freezing cold, blistering cold, crazy cold
- **눈사람**: snowman
- **얼음 / 눈**: ice / snow
- **크리스마스**: Christmas
- **체감 온도, 체감 추위**: wind chill
- **바람이 부는**: windy

돈 관련 꿀표현

날씨만큼이나, 혹은 날씨보다 더 중요한 주제가 하나 있다. 바로 '돈'이다. 돈과 관련된 단어, 표현, 숙어를 많이 알고 있으면 오픽뿐만 아니라 일상 회화에서도 아주 유용하게 쓸 수 있으며, 커뮤니케이션 능력 향상에도 매우 도움이 될 것이다. 돈 관련 표현을 알아보자.

- **부유한**: wealthy, rich, well-off, loaded

  I'm wealthy. / She's rich. / He's well-off. / They're loaded.

- **가난한**: poor, broke

  I'm poor. / We're broke.

- **지갑**: wallet

  It made a huge dent in my wallet. (=It was expensive.) 그것은 너무 비쌌다.

  *dent 찌그러진 곳

  → 어떤 지출이 나의 지갑을 손상했다는 의미로, 비용이나 지출이 예상보다 크거나 부담스럽게 느껴질 때 사용하는 표현

- **은행**: bank

  I'm banking on it. 간절히 바라고 있다.

  → 무언가를 간절히 바라고 있다는 것을 나타내며, 어떤 일이나 결과에 기대하고 있다는 의미

  He made bank. 그는 갑자기 돈을 엄청 많이 벌었다.

  → make bank는 돈을 많이 벌 거나 큰 금액을 획득한 경우를 의미, 누군가의 경제적인 성공을 강조할 때 사용

- **방아쇠를 당기다**: pull the trigger

  I had to think it over and I finally decided to pull the trigger.
  나는 오랜 고민 끝에 결국 그것을 지르기로(사기로) 했다.

  → 어떤 중요한 결정이나 행동을 하기로 결정했을 때 사용

IH에서 AL로 가는 길!

많은 학생이 대명사를 쓰지 않고 앞에서 썼던 명사를 계속 반복하는 경향이 있다. 대명사를 쓰지 않으면 답변이 너무 단순해지기 때문에 좋은 점수를 받기 어렵다. 대명사를 사용하여 답변을 세련되게 만드는 연습을 많이 해보자.

> I love that Korean restaurant because they serve a lot of side dishes.
> 나는 한식당을 좋아해요. 왜냐하면 그곳은 반찬을 많이 주거든요.

여기서 they는 restaurant을 의미한다. 그런데 식당은 단수인데 왜 복수형 대명사 they를 쓸까? 식당에서 일하는 직원들이 여러 명이기 때문이다.

> I borrowed a camera from someone last night. But I cannot find _____ anymore.
> 나는 지난밤에 누군가의 카메라를 빌렸다. 하지만 그 사람을 찾을 수 없다.

이 문장에서 남자인지 여자인지 모르는 someone을 대명사로 바꿔보자. 빈칸에 들어갈 대명사는 무엇일까? 정답은 them이다. them은 성별을 모르는 누군가를 지칭할 때 쓰인다.

MEMO